スクール
カウンセリングの
これから

石隈利紀　家近早苗
Toshinori Ishikuma　Sanae Iechika

創元社

はじめに

２０２０年、世界中で新型コロナウイルスの感染が拡大し、日本では学校もその対応に苦戦してきました。特に、３月から５月までは、多くの学校が休校になりました。この初めての事態に直面して、子どもの学びを守る「学校」（適応指導教室やフリースクールなども含めて）がどれだけ大切か、あらためてそのありがたさを感じました。

学校には、子どものことを心配し、ケアしてくれる大人がいます。一緒に過ごす友達がいます。授業・給食・昼休み・放課後という日程があり、勉強する・体を動かすという活動があります。つまり学校には、大人や仲間に囲まれて、日常性を継続して、心身の健康を維持する働きがあるのです。休校中の家庭での子育ての負担の大きさを目の当たりにして、筆者らは子どもの成長に学校が果たす役割を再確認しました。

一方、不登校の増加は、学校の新しいあり方の検討を求めるものです。すべての子どもが学べる柔軟な学校づくりを積極的に進める必要があります。同時に、今の学校と折り合いがつかない子どもの教育を支える多様な教育の場も必要です。ＳＤＧｓ（持続可能な開発目標）の精神でもありますが、誰一人取り残されることなく、しっかりと学べる環境づくりが今日の教育の課題です。

✝✝✝

本書は、子どもの成長を援助する「学校の力」を再発見し、再構築することをめざすものです。教師が保護者やスクールカウンセラーらと連携して子どもの成長を援助する「スクールカウンセリングの今と未来」について、現場のみなさんと一緒に考えるヒントを提供するものです。

本書は、〈スクールカウンセリングとは〉〈学校教育の場を生かして〉〈子どもの援助ニーズに応じて〉〈援助するスキルを磨いて〉〈子どもの苦戦に応じて〉〈チーム学校で〉という6つのセクションからなる27章で構成され、カウンセリングの一般論ではなく、学校教育における援助サービスに焦点をあてています。当事者である子どもとのパートナーシップで、子どもの成長を援助する活動について、実践を整理して理解する「箱」（枠組み）とその事例を提供します。

本書は、大学・大学院や研修会のテキストとしても適しています。教員の養成課程や教職大学院における「教育相談」の教科書として内容的にぴったりです。「生徒指導」「特別支援教育」の参考書としても使えます。また、公認心理師養成カリキュラムの「教育・学校心理学」「教育分野に関する理論と支援の展開」との内容の重なりが大きく、公認心理師の科目の参考書としておすすめです。

本書は、教科書・参考書にもなりますが、すらすら読めるように、そして理解しやすいように「です・ます調」の文章にしてあります。

本書を1章から最後まで読むと、スクールカウンセリングの理論と実践についてひと通り学ぶことができます。また現場のみなさんが直面する課題に応じて関心のある章から読むことで、援助サービスを振り返り、計画することに役立ちます。

各章の末尾に、「考えてみよう」のコーナーを設けました。学校の教師にとって、カウンセリングの専門家にとって、また教師やカウンセラーをめざす学生にとって、カウンセリングの理論と実践を学ぶことが必要であるのは当然です。しかしその前に、そもそも自分はなぜカウンセリングに関心があるのか、なぜカウンセリングが必要なのかを問うことが必要です。そのために、「考えてみよう」を実行してみてください。それぞれの立場に直接関係のない問いについても、できるだけ考えてみましょう。実際に書いてみると、より効果があります。

さらに引用文献であげた図書や論文を読まれることで、スクールカウンセリングについて深く考えることができます。同時に、子どもの教育をめぐる法律や文部科学省等からチーム学校を軸に発信されている情報を、学校教育に生かしてください。

✝✝✝

本書は石隈利紀と家近早苗の共著です。二人とも学校教育における援助サービスの実践と研究をしてきており、「学校」は子どもを援助する資源の宝庫であることを知っています。単なる倉庫にしてはいけません。石隈は、発達障害の子どもとの出会いから、「一人ひとりの子どもが、自分の強みを獲得していく。その強みを生かして子どもが育つ環境を整えるのが、教職員や保護者の役割である」と考えます。家近は、非行少年との地道なかかわりから「どんな子どもにも将来がある。社会で自立して生活していける大人に育てるのが、教育の仕事である」と考えています。

本書がみなさんのスクールカウンセリングの実践、学校教育の実践に役立つことを祈っております。さあ本書をお楽しみください。

追記
- 本書で取り上げる事例は、スクールカウンセリングの理解のために、筆者らの経験に基づいて作成した架空のものです。
- 一部の文章で、強調したいところを太字にしています。

目次　スクールカウンセリングのこれから

目次

子どもの苦戦に応じて

目次

チーム学校で

編集・DTP――滝口直子（唐草書房）
装丁――上野かおる
装画――まきみち

スクールカウンセリングのこれから

1章 スクールカウンセリングとは

スクールカウンセリングはなにをめざすか
——子どもの成長を支える

1　子どもの苦戦——「困り」と「悩み」

子どもは家庭生活や学校生活を通して成長します。その過程で、学習面、心理・社会面、進路・キャリア面、健康面などで苦戦することがあります。子どもの苦戦には現実的な「困り」もあり、内面的な「悩み」もあります。そして子どもの苦戦は、教師や保護者の苦戦にもつながります。学習上のつまずき、対人関係のトラブル、そしてそれらに関連して、不登校やいじめなどがあります。

子どもの成長は子どもの個人要因と環境要因の相互作用として理解できます。子どもの苦戦にかかわる個人要因としては、生育史、発達の特性（発達障害）、身体的特性（例えば、視覚・聴覚の過敏）、心的外傷後ストレス、これまでの学校生活の歴史（例えば、失敗体験）などがあります。環境要因としては、学級や学校の荒れや教師の指導上の課題（学校環境）、また家族関係の課題や児童虐待、貧困（家庭環境）などがあります。

ここで「苦戦」という用語を使うのは、子どもは厳しい状況で子どもなりに対応し、自分なりの人生を生きようとしていることを、みなさんと共有したいからです。子どもの行動（例えば、学校を欠席する）には子どもなりに意味があるのです。その状況を子どもの苦戦としてとらえ、子どもの気持ちと意思を理解することで、子どもの成長を支えることができます。同様に「問題状況」という用語を使うこともあります。それは、子どもの問題が個人要因と環境要因の相互作用からくる「状況」だからです。「問題」というと「問題児」「問題のある学級」などの決めつけにもつながり、子どもの問題状況を適切に理解することが困難になります。

では、学校での苦戦や問題状況（学習面、心理・社会面、進路・キャリア面、健康面などでの苦戦）は起こらないほうがよいのでしょうか。学校生活が平穏無事に進むことが、子どもの成長にとって望ましいのでしょうか。そうではありません。子どもが成長する過程で問題状況に出会うことは避けることができません。また子どもは問題状況での苦痛を伴う対応を通して多くのことを学び、回復力を獲得し成長していきます。近年、学校教育やカウンセリングで「レジリエンス」という用語がよく使われます。レジリエンスは、「厳しい状況にあっても精神的健康を維持し、また回復する特性」と定義されています。レジリエンスは回復力に近い概念です。子どもの成長の一つの柱がレジリエンスだと思います。

したがって私たちにできるのは、子どもの問題状況が大きくなり過ぎて子どもの発達や教育を妨害することのないようにする援助です。そして問題状況が大きくなってしまった場合は、問題状況が子どもの学校生活や人生を妨害する程度を最小限にするように援助するのです。例えば、子どものグループ内でもめ事が起こっているとき、それが「いじめ」に発展しないようにします。しかし「いじめ」が起こったときは、タイムリーに被害者の子どもの救済・援助を行い、同時に「加害者」とされる子どもの指導・援助を行うことで、いじめが子どもたちの学校生活を壊すことがないようにします。

2　スクールカウンセリングとは

一人ひとりの子どもの苦戦に応じる援助に関して、「スクールカウンセリング」という活動が重要になってきます。では、「スクールカウンセリング」とはなんでしょうか。一つは、学校という場で行われるカウンセリング、つまりカウンセリングの一領域というのが答えです。もう一つは、学校教育の一環としてのカウンセリングという答えです。学校や病院で働いているカウンセラーには、前者のとらえ方が取り入れやすいでしょう。一方、学校で子どもの援助にあたっている教師には、後者のとらえ方がぴったりきます。本書では、スクールカウンセリングを学校教育の一環としてのカウンセリングととらえます。

では、カウンセリングはどう定義できるでしょうか。カウンセリングとは、人間と人間のかかわりを通した援助活動をさします。「カウンセリング・マインド」は相手を援助しようとする気持ちや態度のことです。学校の教師はカウンセリング・マインドをもって教育にかかわることが求められます。また教師の仕事にはカウンセリングの活動が関係します。

学校教育におけるカウンセリングの定義には、狭義から広義まで3段階あります（石隈、1999年）。

(1) 狭　義

スクールカウンセラーやそれに準じる専門家による、問題解決をめざした面接です。カウンセリングを行う者をカウンセラー、カウンセリングを受ける者をクライエントと呼びます。スクールカウンセラーは大学院等で心理学や心理支援について学ぶ過程で、カウンセリングの面接について訓練を受けます。教育相談担当の教師のなかにはカウンセリングについて訓練を受けている人もいます。カウンセリングのテーマには、子どもの自己理解や人間関係、学業や進路における困りや悩みなどがあり、学校生活に広くかかわります。

(2) やや広義

教師やカウンセラーなどによる、子どもへの直接の援助的なかかわりです。これには、子どもとの面談、授業・行事での援助、保健室での援助など、幅広い活動が含まれます。すべての教師が、学級担任として、教科担任として、部活の顧問として、子どもに援助的にかかわっています。養護教諭は、子どもの心身の健康の担い手として、ストレス対処などの心の健康にかかわる授業を担当しますし、保健室で心身のケアを行います。障害のある子どもへの援助もやや広義のカウンセリングに含まれ、特別支援教育担当の教師と学年の担当教師が連携して、子どもが授業や行事に参加しやすいように工夫します。

(3) 広　義

子どもが学校生活を通して、さまざまな課題に取り組む過程で出会う問題状況や危機状況の解決を、教師やカウンセラーなどの援助者が援助することです。教師やカウンセラーなどが子どもを直接援助するかかわりだけでなく、教師やカウンセラーが相互に相談して子どもへの援助を改善するコンサルテーションなど「子どもへの間接的な援助」も含みます。

　本書のタイトルにある「スクールカウンセリング」は広義の定義です。広義のスクールカウンセリングは、「教育相談、生徒指導・キャリア教育」「特別支援教育」「学校保健」に共通する枠組みを提供します。本書では、教師による援助の実践についてのヒントを提供することをめざし、スクールカウンセラーのカウンセリングについての紹介もします。

3　鍵となるのは学校生活の質

　学校教育では、一人ひとりの子どもが、一人の「人間」として、そして一人の「児童生徒」として、学校生活を通して課題に取り組みながら成長することを尊重します（石隈、1999年）。学校教育の目的は、子どもが「主体的に学び、知識・技能や思考力・判断力・表現力等をつける」（学習面）、「自分を理解し、人とかかわる力をつける」（心理・社会面）、「社会とかかわり自分らしく生きる力をつける」（進路・キャリア面）、「生活や行動の基盤となる心と身体をもつ」（健康面）こと、と整理できます。これは2017年改訂の学習指導要領で「求められる3つの資質」としてあげられている、「①知識・技能、②思考力・判断力・表現力等、③学びに向かう力・人間性等」と呼応します。

そしてスクールカウンセリングでは、学校生活において子どもが出会う問題状況や危機状況の解決を援助し、子どもの成長を促進することをめざします。したがって、スクールカウンセリングの充実の鍵は、一人ひとりの子どもの学校生活の質（クオリティ・オブ・スクールライフ＝ＱＯＳＬ）です。子どもが学習面、心理・社会面、進路・キャリア面、健康面で成長しているかどうかが問われます。

例えば、毎日登校しているがほとんどの授業で寝ていることが多い子どもの学校生活は、ＱＯＳＬが低いといえます。一方、適応指導教室（教育支援センター：26章参照）に通って学習活動に取り組んでいる子どもの学校生活は、ＱＯＳＬが一定程度維持されているといえます。子どもが学校に来ていることは、必ずしも学校生活の質の高さを意味しません。また「学校」には、小学校・中学校だけでなく、適応指導教室やフリースクールなど、子どもの学ぶ場所が広く含まれてい

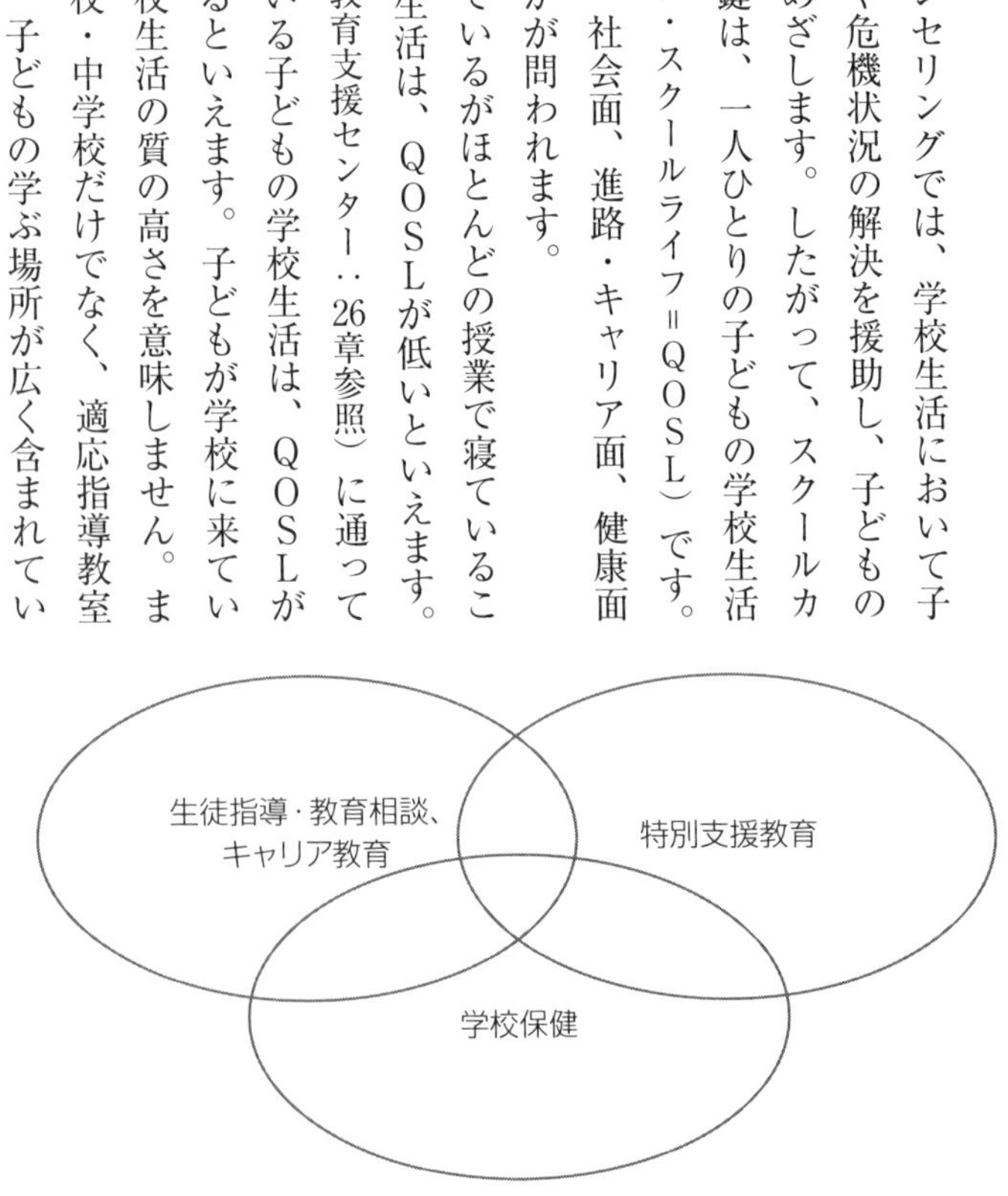

子どものQOSLを支えるスクールカウンセリング

ます。２０１６年「義務教育の段階における普通教育に相当する教育の機会の確保等に関する法律」（教育機会確保法）が公布・一部施行されました。義務教育の段階において、不登校の児童生徒を含めたすべての子どもが普通教育に相当する教育を受ける機会を確保することが法律で定められたわけです。まさに問われるのは、学校が提供する教育機会のＱＯＳＬです。

不登校の小学生に関するチーム援助の事例です。小学生は、週のうち学校に２日、フリースクールに２日、児童相談所に１日通っています。小学校の教師、フリースクールのスタッフ、児童心理司、保護者が定期的に子どものようすと援助について話し合いながら、子どもの援助を行いました。子どもは心理的な落ち着きを増し、小学校やフリースクールで算数や国語の勉強に取り組んだり、児童相談所でレクリエーションに参加したりするようになっていきました。フリースクールは、理科の実験道具を学校から借りました。援助チームでは、「学校生活」で子どもが活動に参加して成長しているか（ＱＯＳＬ）について情報を集め、必要な援助を継続しました。小学校・中学校をはじめ「学校」の豊かな資源（教師などの人的資源、学ぶ施設など）を生かして、スクールカウンセリングを充実させることで、一人ひとりの子どものＱＯＳＬを高めることができるのです。

考えてみよう あなたにとって「学校」とはなんですか。今の学校、子どもの頃の学校について、思いつくことを述べてみてください。

2章

提供するのは心理教育的援助サービス

1　心理教育的援助サービスとは

スクールカウンセリングは、子どもの学校生活における現実的な「困り」や内面的な「悩み」に関する援助です。子どもの学習面、心理・社会面、進路・キャリア面、健康面における問題状況の解決をめざす援助であり、心理教育的援助サービスと呼ばれるものです。

心理教育的援助サービスとは、学校教育の一環として、一人ひとりの子どもが学校で生活するうえで出会う問題状況や危機状況の解決を援助するサービスです。心理教育的援助サービスにおいて、「心理」とは心理学的サービスをさします。心理学は個人の発達、学習、行動についての学問であり、一人ひとりの子どもの特性や状況に応じた援助サービスの基盤を提供します。また「教育的」とは、子どもの学校教育で生じる問題状況の解決の援助を行うことを通して子どもの成長を促進するという意味です。つまり心理教育的援助サービスとは、学校教育を通した一人ひとりの子どもの成長を促進する援助（カウンセリング）であり、スクールカウンセリングの活動を総称する用語ということになります。

本章では子どもの学習面、心理・社会面、進路・キャリア面、健康面において、心理教育的援助サービスの対象となる問題と援助の例をあげます。個別での援助もあれば、学級集団での援助もあります。

2　学習面、心理・社会面、進路・キャリア面、健康面での援助

(1) 学習面での援助

学習面での援助サービスの対象となる問題の例をあげ、学校教育でできる援助について考えます。

①勉強をやる気がおこらない
②自分の学習状況がわからない
③勉強の仕方がわからない
④テスト勉強をどう進めてよいかわからない

⑤勉強がわからない。授業が難しい

スクールカウンセリングでは、子どもの学習面での援助サービスに重点をおいています。子どもの学習面での課題や問題は、進路・キャリア面、心理・社会面さらに健康面との関係も大きいのです。子どもが学習面でできていること、関心のあること、困っていることについて、一緒に整理します。また学習習慣を見直して、場所や時間で勉強しやすいところを見つけます。そして学習場面の観察や知能検査・学力検査の結果をフィードバックして、子どもにあった学習方略・学習スキルに気づけるようにします。もちろん、授業のユニバーサルデザインを参考にして、子どもが学習しやすい授業の工夫をすることも大切です（10章参照）。

(2) 心理・社会面での援助サービス

心理・社会面で援助サービスの対象となる問題の例をあげ、学校教育でできる援助について考えます。

心理面

①自分のことがわからない

②自分のやることに自信がもてない

③ストレスがたまって対処できない

④自分の容姿について悩んでいる

社会面

①友人・教師・家族との人間関係で悩んでいる
②学級集団や友人のグループでうまくいかない
③困ったり悩んだりしたとき相談相手がいない
④対人関係スキルが不足している

子どもの心理面（自分とのかかわり）の問題と社会面（他者とのかかわり）の問題は密接に関係しているので、「心理・社会面」という表現がよく使われます。また心理・社会的な問題は、身体の訴えとして現れることも少なくありません。まずは、子どもが自分自身や対人関係で苦戦していること、悩んでいることについて、しっかりと聞きながら、落ち込み・不安・怒りなどの感情を受容します。そして困っている状況について、一緒に整理します。そうすることで、子どもにとっては自分の考え・感情・行動についての理解が少し進み、安心感ができます。さらに、勉強や対人関係での困難な状況にこれからどう対応するかについて、一緒に検討します。対人関係で子どもがやりやすいスタイルを見つけ生かしながら、サポーターとなる友人や教師、家族への相談についても検討します。もちろん、ストレス対処、対人関係スキルや感情の理解とコントロールについては、学級活動や授業で取り上げることが望まれます。

進路・キャリア面で援助サービスの対象となる問題の例をあげ、学校教育でできる援助について考えます。

(3) 進路・キャリア面での援助

①憧れの対象や職業がわからない
②自分の役割について体験する機会がない
③自分の能力、長所、適性がわからない
④自分の進路が決まらない

学校教育相談の第一人者大野精一氏（1997年）は、進路面での援助を「針路援助」と呼び、進学先や就職先の決定そのものではなく、この決定の基盤になる、自分のあり方、生きる方向の選択の援助であるとしています。学校心理学（石隈、1999年）では「進路面」の援助としてきましたが、本書ではキャリア発達を促進するキャリア教育を重視して「進路・キャリア面」としています。キャリア教育とは、「一人一人の社会的・職業的自立に向け、必要な基盤となる能力や態度を育てる」ことを意味します（文部科学省、2011年）。進路・キャリア面の援助は、小学生では憧れる人や職業について発表する機会を提供したり、その理由を聞いたりすることです。中学生では、自分の能力や長所・短所について理解する機会を提供しながら、子どもの長所についてフィードバックを行うことです。一人ひとりの子どもの価値観、適性、社会経済的状況も踏まえた進学相談も含まれます。長期欠席している子どもが進学について考えるのは、キャリア発達のチャンスです。不登校の援助を進路・キャリア面から整理することは有用です。

(4) 健康面での援助サービス

健康面で援助サービスの対象となる問題の例をあげ、学校教育でできる援助について考えます。

①元気がでない
②自分の体調について周りの人に話せない
③食欲がない。眠れない
④生活リズムが保てない
⑤自分の病気や障害のことが心配

健康面での問題の援助については養護教諭がリーダーシップをとりますが、すべての教職員がかかわります。子どもが「頭が痛い」「お腹が痛い」などと教師・保護者に訴えるとき、あるいは学級担任が子どもの健康観察や保護者からの連絡で体調の変化に気づいたときから援助は始まります。まず、子どもの身体的な訴えを「痛いんだね。つらいよね」と健康面の問題として受け止めます。授業をさぼりたいからととらえたり、ストレスがたまっているからととらえたりしないことです。そして、身体的なケアをしながら、それをきっかけに子どもの学習面、心理・社会面や進路・キャリア面についても聞いていきます。

子どもにとって自分の病気や障害を理解することは大きな課題です。養護教諭や学級担任が相談相手になると同時に、保護者や医師との連携も必要です。もちろん、自分の健康を理解し、管理できるように、学校保健の授業で健康管理や病気・障害について取り上げることが役立ちます。

3　トータルな存在である子どもへの援助サービス

子どもの学習面、心理・社会面、進路・キャリア面、健康面は、成長しつつある一人の子どもが援助を必要とする「面」です。学習面、心理・社会面、進路・キ

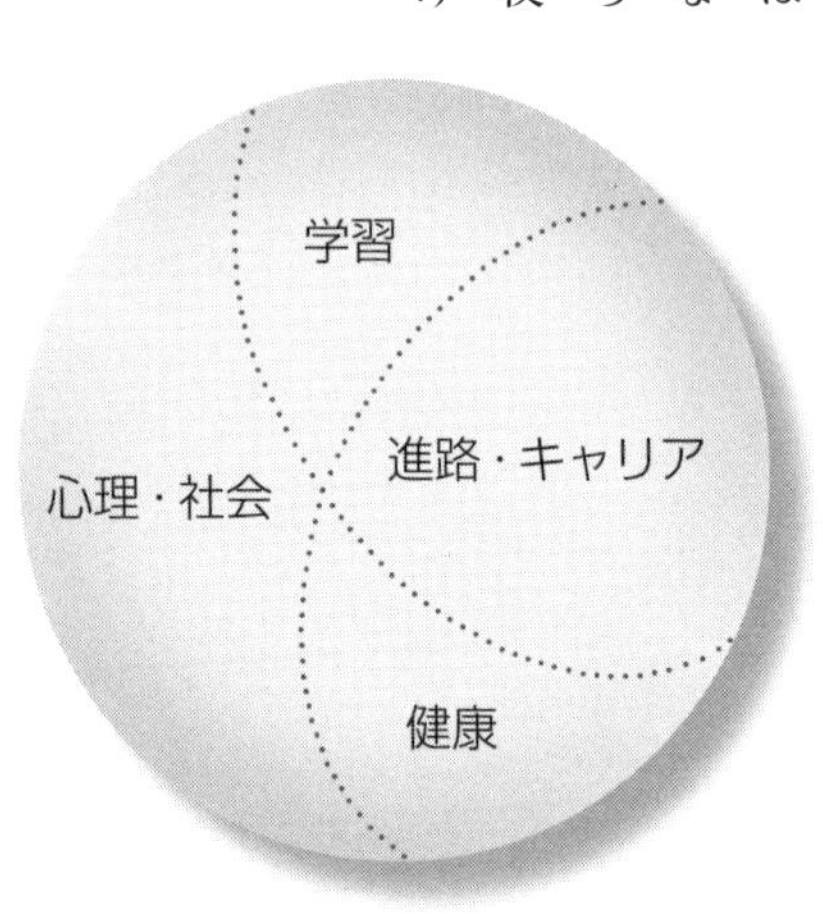

トータルな存在である子どもたちとその４つの側面

ャリア面、健康面のいろいろな面から、あるいはある一つの面を通して、教師やスクールカウンセラーは子どもにかかわっていくのです。つまり、援助すべき問題は、学習面の問題であったり、心理・社会面の問題であったりします。ただし、子どもにとって悩みは一つの複合体であり、子どもの悩み、あるいは悩んでいる子どもは「球」のような存在です（石隈、１９９９年）。スクールカウンセリングでは、子どもの学習面、心理・社会面、進路・キャリア面、健康面の問題に光をあてて、トータルな存在としての子どもの理解をめざします。同時に、学習面、心理・社会面、進路・キャリア面、健康面は、援助サービスにおいて、教師やスクールカウンセラーがかかわる子どもへの一つの援助は、他の面にも影響します。例えば、学習面への援助（学習意欲の促進など）は心理・社会面（自尊感情の向上など）にも影響を与えるということです。

ここで留意したいのは、教師は、子どもの学校生活での援助を通して、子どもが整理できずにきた発達上の悩みやトラウマにかかわることがあるということです。子どもが過去のつらい出来事で処理できずにいた問題を語るときは、よい聞き手になりながら、子どもの状況によってはスクールカウンセラーや地域の子どもの心理支援の専門家に相談することが望ましいでしょう。

考えてみよう　あなたにとって援助とはなんですか。「助けてもらった経験」「助けた経験」について、３つずつあげてください。

3章 スクールカウンセリングを支える学校心理学

1 学校心理学とは

スクールカウンセリングは、子どもの学習面、心理・社会面、進路・キャリア面、健康面における問題状況の解決をめざす援助であり、心理教育的援助サービスとしてとらえることができます。心理教育的援助サービスの理論と実践を支える学問体系が「学校心理学」です。今日では多くの大学、大学院で、学校心理学の科目が設けられています。公認心理師養成の学部カリキュラムでは「教育・学校心理学」という科目になっています。教職課程では「教育相談」「生徒指導・キャリア教育」「特別支援教育」が学校心理学の内容を扱っています。

学校心理学は、心理学と学校教育を統合した学問体系であり、双方の領域に関する理論、実践モデルや技法、実証的成果によって構成されています。学校心理学は教師やスクールカウンセラーらが「心理教育的援助サービス」に関して共通して使える言語の体系をめざしています。

2 学校心理学の3つの柱

教師やスクールカウンセラーらの心理教育的援助サービスを支える学校心理学は、３つの柱から構成されています。

(1) 子どもの学校生活を支える心理学的基盤

心理教育的援助サービスでは、一人ひとりの子どもの発達、学習、行動および人格に関する心理学の知識が役に立ちます。例えば、子どもの育ちを理解する発達心理学、学ぶこと・教えることを理解する教育心理学、個として生きることを理解する臨床心理学、他者のなかで生き

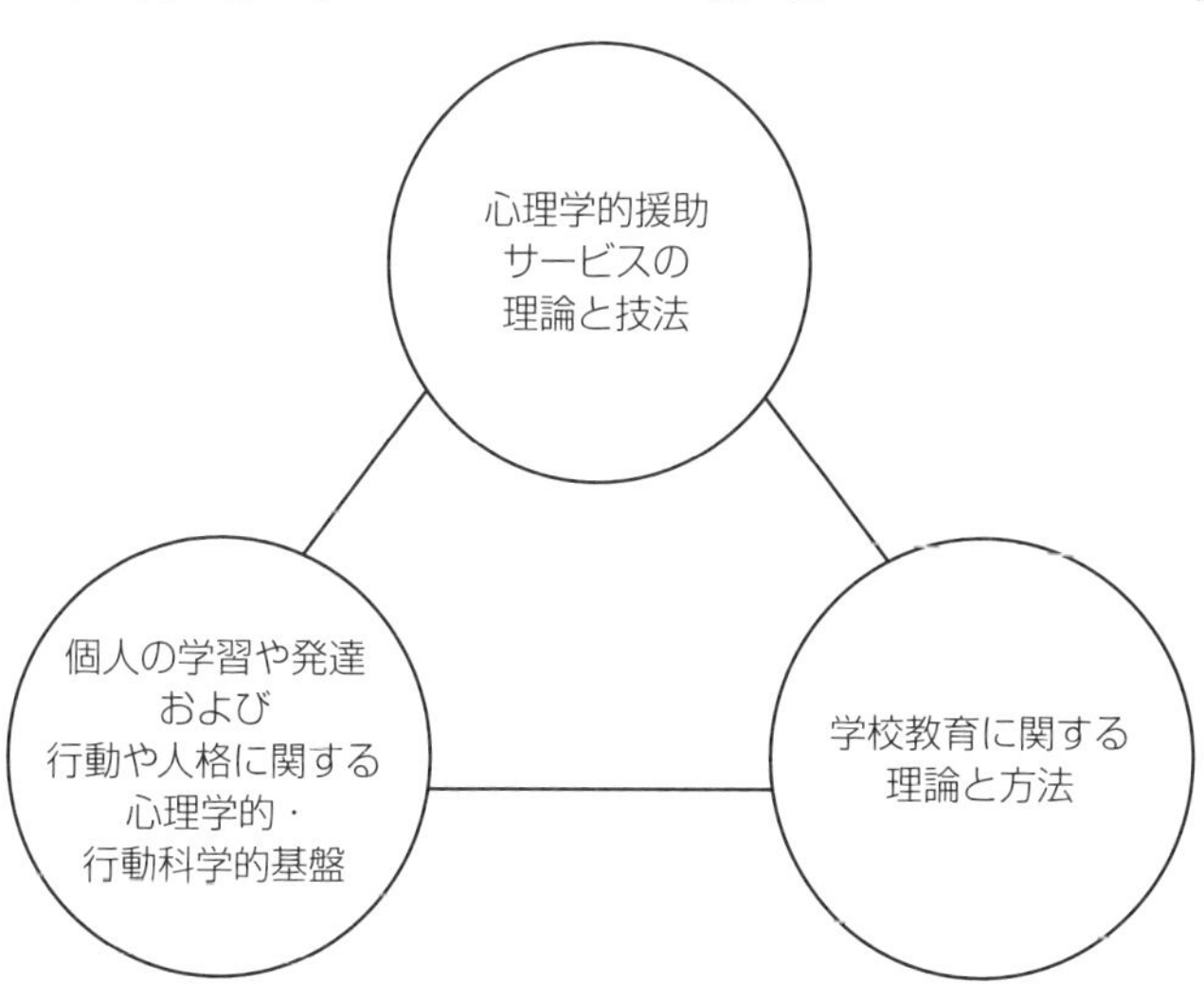

学校心理学を支える３つの柱（石隈, 1999年）

ることを理解する社会心理学などがあります（日本学校心理学会、２０１６年）。心理学には、テーマに関するデータに基づいて研究するという方法論と、生きることで苦戦している人をサポートするという援助論の両輪があります。それぞれの心理学には、研究成果から得た子どもに関する知識と、子どもを援助する方法が含まれています。

教師は教職課程で「心身の発達および学習の過程」について学びますし、スクールカウンセラーは発達心理学や臨床心理学などを学んでいます。そして、学校現場で子どもと接しながら、子どもの発達や学習のようすを観察し、子どもの成長にかかわるなかで、一人ひとりの子どもが育ち、学び、生きている姿と接します。教師やスクールカウンセラーとして働きながら心理学をあらためて学び直すと、新鮮な気づきが多くあるものです。

(2) 学校教育を支える教育学的基盤

心理教育的援助サービスは学校教育の一環として行われますので、学校教育に関する知識が求められます。例えば、教育の基礎となる教育哲学・教育方法・教育課程などを含む教育学、学校のなかで教育活動を行うための学校組織・教育制度、特別な教育ニーズに応える特別支援教育、そして子どもの人格を育てる教育相談、生徒指導・キャリア教育があります。

教育相談、生徒指導・キャリア教育、特別支援教育は、スクールカウンセリングの実践といえます。教師が学校教育の活動について学び続けながら、自らの教育実践を振り返ることが心理教育的援助サービスの充実につながります。また、スクールカウンセラーが教育相談など教師の援助サービスについて学ぶことで、援助サービスを学校教育の一環として行うための協働が促進されます。

(3) 子ども、教師、保護者、学校組織に対する心理教育的援助サービスの理論と技法

心理教育的援助サービスは、具体的な行為です。代表的な心理教育的援助サービスは、心理教育的アセスメント、カウンセリング、コンサルテーション、コーディネーションなどです。心理教育的アセスメントは、子どもの発達や学習に関する状況について情報を収集し援助サービスに関する意思決定の資料を提供することです。やや広義の「カウンセリング」は、授業・行事・面談を通して子どもの発達や学習を直接援助する活動です。コンサルテーションは、子どもの学校生活における問題状況や危機状況に関して悩んでいる教師や保護者をスクールカウンセラーなどが援助（助言等）することであり、子どもには間接的な援助となります。これらの活動にはそれぞれの技法があり訓練が必要です。そしてコーディネーションは、援助者のチームが援助サービスの調整を行うことで、「チーム学校」として子どもに提供する援助サービスを充実させることです。

心理教育的援助サービスでは、この3つの柱のどれを欠いても不十分です。例えば、学習面や行動面で問題があり、発達などに課題のある小学生を援助するには、授業中の学習態度や宿題への取り組みをよく観察します。引き継ぎ情報や個別式知能検査の結果などの情報も統合し、子どもの発達上の特性を理解して、援助案を検討します。つまり、子どもに関する情報を収集し統合する心理教育的アセスメントの技法、子どもに関する情報を発達心理学や教育心理学の知識を活用して意味づける能力、そしてこれらの能力を生かして子どもの教育計画を立てる学校教育の知識が必要となるのです。教師やスクールカウンセラーは、3つの柱を統合しながら、子どもへの心理教育的援助サービスを行っているのです。

3　学校心理学が提唱する心理教育的援助サービスのモデル

なぜ（Why）スクールカウンセリングを行うのか、なぜ心理教育的援助サービスが必要なのか、それはすべての子どもが発達・成長するうえでなんらかの援助を必要としているからです。そして学校心理学では、心理教育的援助サービスのモデルに関して、誰を援助するか（Whom）、なにを援助するか（What）、誰が援助するか（Who）、どう援助するか（How）、どこで援助するか（Where）の問いに焦点をあてて、実践モデルを提唱しています（石隈、1999年）。

(1) 誰を援助するか

心理教育的援助サービスの対象は、第一に、すべての子どもです。学校は、不登校やいじめ被害などで特別な援助ニーズをもつ子どもだけでなく、すべての子どもの教育を行うことを社会と契約しています。「誰一人取り残さない」教育です。さらに、すべての子どもとは多様な子どもを意味します。多様な子どもを援助する心理教育的援助サービスには、新しい発想と方法が求められています。第二の援助の対象は、援助者です。教師、保護者、スクールカウンセラーらが、相互に援助することです。チーム援助で子どもを援助することは、援助者同士の相互援助の機能をもっています。第三の援助の対象は、学校組織です。学校が援助サービスの機関として充実するように援助します。管理職の援助や管理職や主幹教諭からなる学校運営の会議の促進は、学校組織の充実を援助する方法です。

(2) なにを援助するか

子どもの援助の焦点は、①子ども個人の発達課題・教育課題への取り組み、②子どもの環境（学級・学校、家庭、地域）、③子どもと環境の相互作用になります。子どもが発達の課題や児童生徒としての課題にしっかりと取り組むことを援助しながら、環境の改善や子どもと環境の折り合いの改善を援助します。子どもの成長にとって、環境のもつ影響力は計り知れません。教師やスクールカウンセラーなど心理教育的援助サービスを行う者は、子どもの環境の変化の担い手でもあるのです。

次に教師、スクールカウンセラーら援助者の相互援助は、援助者の子どもへの援助を改善することであり、それを通して援助者の援助サービスの能力を向上させることです。チーム援助やコンサルテーションを学ぶことで、援助者への援助ができるようになります。教師のメンタルヘルスは子どもへの援助など職業上の課題が達成されることで支えられますが、それだけでは十分ではないこともあります。学校コミュニティの相互援助の雰囲気づくりを行いながら、必要に応じて心理相談機関や医療機関と連携することも、教師のメンタルヘルス維持には必要です。

そして学校組織への援助では、学校の援助サービスの機能について評価しながら、援助サービスの向上にかかわります。学校評議会の評価はもちろん、子どもや保護者による教師の援助サービスへの評価も子どもの援助の改善に活用したいものです。

(3) 誰が援助するか

心理教育的援助サービスの担い手は、①ボランティア的ヘルパー（友人、隣人など）、②役割的ヘルパー（保護者など）、③複合的ヘルパー（教師）、④専門的ヘルパー（スクールカウンセラーなど）の4種類のヘルパーに整理できます。③④は職業上のヘルパーであり、①②は社会の人間関係や役割上のヘルパーです。学校や地域の多様な援助者が援助資源として活用され、つながることが重要です。学校には豊かな援助資源があります。

(4) どう援助するか

すべての子どもの援助ニーズに応じながら、苦戦している子どもの援助ニーズをどう満たしていくかについて、3段階の心理教育的援助サービスのモデルがあります。学級・学校の**すべての子どもに共通する援助ニーズや基礎的な援助ニーズ**に応えるのが、1次的援助サービスです。勉強や友人関係でつまずいた子ども、転校生、LGBT（レズビアン、ゲイ、バイセクシュアル、トランスジェンダーなどのセクシュアル・マイノリティ）を含め苦戦するリスクのある子どもなど、**一部の子どものプラスアルファの援助ニーズ**を早期に発見してタイムリーに応えるのが、2次的援助サービスです。さらに発達障害やいじめ被害等で**特定の子どもがもつ特別の教育ニーズ**に応えて、個別に計画された援助サービスを行うのが、3次的援助サービスです。不登校、いじめなど、それぞれの課題を理解することは必要ですが、学校全体では子どもの援助ニーズの程度に応じて援助サービスを計画して実践するのです。

(5) どこで援助するか

子どもの成長を援助するために、「学校」における援助サービスは必須です。私たちは、東日本大震災後も、コロナ禍による休校の後も、学校のありがたさを経験しました。学校における日課と心身の活動は、子どもを元気にして、成長させます。一方、在籍する学校と距離をおいて適応指導教室やフリースクールに通う子どももいます。適応指導教室やフリースクールは、学校としての機能を備えています。教育機会確保法は、義務教育段階の不登校の子どもの地域での教育を保障するものです。

子どもの援助にとって、家庭の役割はきわめて重要です。保護者は自分の子どもの継続的なヘルパーですが、子どもの人生と自分の人生を重ねるので苦戦が大きくなることもあります。また地域の方々の学校教育への応援(朝の交通安全、子どもへの声かけ、放課後の学童保育の援助など)、そして医療機関、福祉機関、司法機関(警察など)も、子どもの成長にかかわります。学校・家庭・地域の連携が、心理教育的援助サービスの維持向上の鍵を握るのです。

考えてみよう

学校心理学、教育心理学、生徒指導・教育相談・特別支援教育・学校保健に関して、大学・大学院、教員免許状更新講習、研修会などで、あるいは図書などを通して、学んだことを思い出してください。そのなかで役立っていること、使っていることをあげてください。

4章

学校にはカウンセリングの力がある
――カウンセリングの体制づくり

1　学校組織はヒューマン・サービスの組織

学校組織は、ヒューマン・サービスの組織です。ヒューマン・サービスは、個人のウェルビーイングの向上を目的として、人が人を対象としてなんらかの教育・福祉・医療などのサービスを提供する活動です。スクールカウンセリングは教育（ヒューマン・サービス）の一環として行われます。そしてヒューマン・サービスは人（サービスの送り手）が人（サービスの受け手）に行う活動であり、人と人の相互作用に影響されるといわれています。例えば、教師がわかりやすい授業をすると子どもの学習意欲が高まり、子どもの熱心な学習活動は教師のよりわかりやすい授業の工夫につながることなどです。

学校の強みは、教育サービスを組織として行っていることです。つまり「チーム学校」としてヒューマン・サービスを行っているのです。「一人の教職員」がいかに優れたサービスを行うかではなく、「チーム学校」としてどのようなサービスを届けるかが大切です。一流の教師ではなく、一流の学校をめざすのです。ヒューマン・サービスの専門機関である学校には、組織として、子どもの学校生活を援助する力があるのです。

2 心理教育的援助サービスのシステム

学校心理学では心理教育的援助サービスのシステムを、3層の援助チーム（マネジメント委員会、コーディネーション委員会、個別の援助チーム）に整理しています（日本学校心理学会、2016年）。

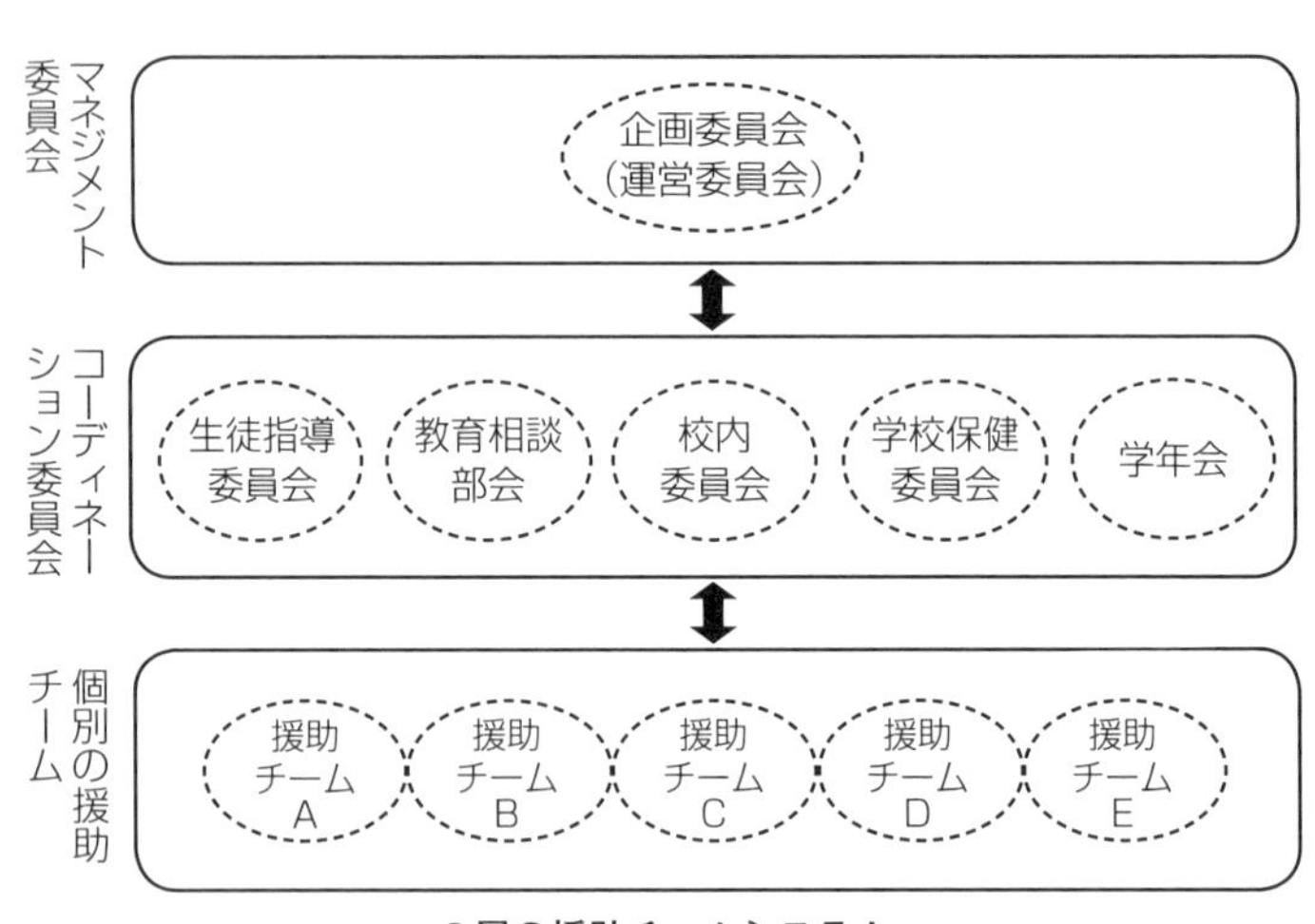

3層の援助チームシステム
日本学校心理学会（2016年）をもとに作成

(1) マネジメント委員会

マネジメント委員会は、学校全体の教育目標を達成するための意思決定や危機管理を行う委員会のことです。例えば、企画委員会や運営委員会などと呼ばれており、校長、副校長、教頭、主幹教諭、生徒指導主事、教務主任、学年主任などからなります。スクールカウンセラーの採用、運動会や修学旅行の行事、保健室に登校する児童生徒についての援助体制など、学校の経営・運営にかかわることについて話し合います。また、コロナ禍における夏期休業についてなど危機対応の中核となっています。マネジメント委員会に関しては、各課題について、①課題はなにかを明確化して関係する情報を共有化する、②課題に関して協議をし対応について意思決定する、③対応案の実行について教員に指示・伝達を行う、④課題が終了する、というプロセスがあります（山口・石隈、２００９年）。このプロセスは、学校全体のチーム援助に影響を与えます。

(2) コーディネーション委員会

コーディネーション委員会は、援助サービスにおける課題（不登校対策など）や苦戦している子どもの援助ニーズを把握し、そのニーズに応じた活動の調整を行う委員会です。例えば、特別支援教育の校内委員会、生徒指導委員会、教育相談部会、学校保健委員会、学年会などです。教育相談コーディネーター、特別支援教育コーディネーター、生徒指導主任、養護教諭、スクールカウンセラーら「コーディネーター」役と管理職から構成されます。

中学校におけるコーディネーション委員会には、４つの機能（①マネジメントの促進、②コンサルテーションおよび相互コンサルテーション、③学校・学年レベルの連絡・調整、④個別のチーム援助の促進）があります。また、中学校教師を対象とした調査では、コーディネーションの機能が発揮されることを通して、教師は学校全体で子どもへの援助を行っているという「つながり感」や、「周囲の人に支えられているという感覚」をもち、自分自身の成長を感じることが示されています。同時に、子どもの問題を学校全体の問題ととらえ、自分もかかわろうと思う「当事者意識」が高

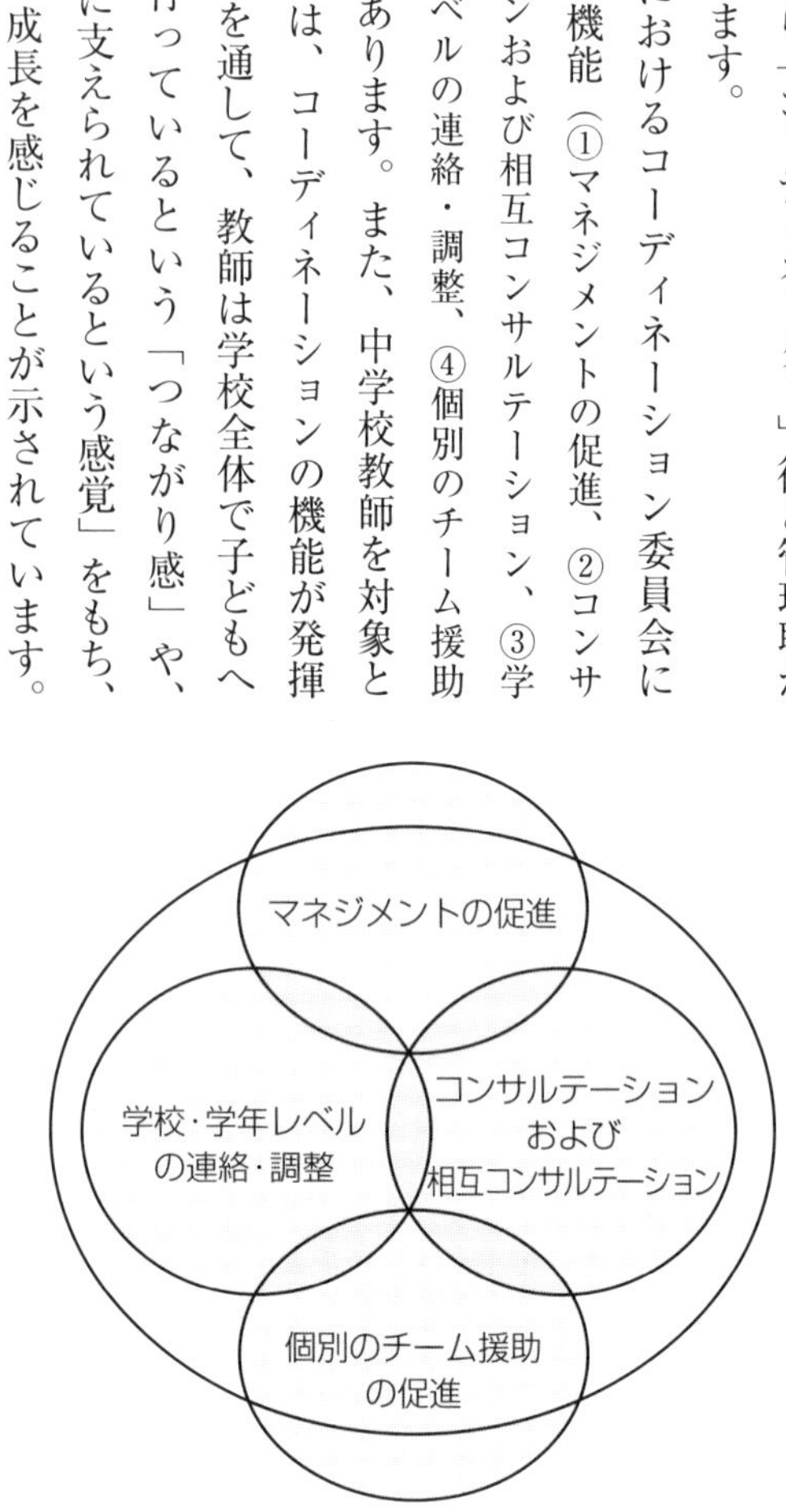

コーディネーション委員会の４つの機能（家近・石隈, 2003年）

まることも示されています。さらに、このような教師の意識や態度の変化がすべての子どもに対する教師の援助サービスに影響を与えることも示されています。つまり、コーディネーション委員会での話し合いの充実は、教師の成長と学校全体の心理教育的援助サービスの向上に寄与するのです（家近・石隈、２００３年、２００７年）。

(3) 個別の援助チーム

個別の援助チームは、苦戦している特定の子どもに関して情報を収集し、子どもの援助ニーズに応じた援助を実践するチームです（田村・石隈、２００３年）。中核となるのが学級担任、保護者、コーディネーター役（養護教諭、特別支援教育コーディネーター、スクールカウンセラー、スクールソーシャルワーカーなど）であり、必要に応じて学年の教師、部活の顧問、管理職なども参加します。さらに医療・福祉などの地域の専門家が協力することもあります。近年、子ども参加型の援助チームが提唱されています。子ども・学級担任・保護者による三者面談は、子ども参加型の援助チームといえます。

マネジメント委員会とコーディネーション委員会は、学校の校務分掌上の組織と対応させてとらえることができます。メンバーの立場も明確であり、定期的に開かれることが特徴です。一方、個別の子どもへの援助チームは、子どもの問題や援助ニーズに応じて、担任一人での対応では十分でないときや、チームで対応したほうがよいと判断されたとき、援助チームのメンバーが決定され招集されます。そして、子どもの課題が解決すると解散されるのが特徴です。

またマネジメント委員会、コーディネーション委員会、個別の援助チームがシステムとして機能することが、心理教育的援助サービスの向上につながります。例えば、「一人の子どもも取り残さない運動会」にするという課題について検討するとします。個別の援助チームやコーディネーション委員会では、運動会が不安な子どもについて情報を集めることによって、集団行動が苦手、運動が苦手、競争するのがつらい、暑い日の活動がつらいなどの情報が共有されます。次にコーディネーション委員会とマネジメント委員会では、運動会が不安な子どもの要因についての対策を協議し、実行する対策（自分が得意な種目に参加するなど）を決定します。それからコーディネーション委員会では、学年主任を通して各学年の教員で行うことを決めます。そして、マネジメント委員会では、運動会が終了して、今回の対策について評価します。うまくいったことは、翌年の運動会に引き継ぎます。

3　学校組織の課題と教職員の課題

学校は規模、校種、地域性、組織のようすなどによって雰囲気は違ってきます。既存の学校組織

（教育相談部会と学年会）の実態を把握し、活性化することで学校教育が改善された例があります。

(1) 活動していない組織（教育相談部会）の活性化

A中学校は、生徒が授業中に校内を走り回る、生徒間の暴力、恐喝、教師への反抗などが激しくなるなど、いわゆる荒れた状況にありました。このような状況でも、生徒指導主事が対応すればよいという雰囲気が学校にはありました。校長は、教師間の連携がうまくいっていないこと、教師が力を合わせて学校の問題に対応しようという姿勢が見られないことを学校の課題としてとらえ、それまであまり活動のなかった教育相談部会（コーディネーション委員会）を活性化することにしました。それまでは教育相談主任と各学年から1名の教育相談部会のメンバーで構成されていたところに、生徒指導主事、養護教諭、相談員、さらに管理職とスクールカウンセラーを入れて再構成しました。既存の校内組織を見直し、校務分掌上の変更をしないで、委員会や部会のメンバーを工夫することで子どもへの援助の充実と学校の問題の改善に取り組みました。

(2) 学年会の実施による活性化

B中学校では、校務分掌上に学年会が位置づけられていながら実際には学年会（コーディネーション委員会）が開催されていませんでした。そのため、生徒の情報が他の学級の担任や教科担任に伝わりにくく、生徒の問題への対応は担任教師と特定の教師によって決定され、周囲の教師は事後に決定の報告を受けるということが課題になっていました。また、教科ごとに職員室が別れていることから、学年主任が各職員室を回って担任教師の意見を聞き、それをまとめることで、学年としての意思決定がなされていることも課題でした。そこで、ある学年がこれまで開かれていなかった学年会を定期的に実施することを試みました。学年会をすることによって、生徒の問題や課題について学年の教師の意見が反映されるようになり、他の学年でも学年会が実施されるようになりました。学年会は、スクールカウンセリングを実行するうえで鍵となる組織です。

(3) 会議に関する教職員の課題

第一に、子どもの援助に関する「会議」を仕事ととらえることが重要です。教師やスクールカウンセラーらは、子どもと直接かかわりながら授業やカウンセリングを行うことが仕事であり、その他のことは「雑用」と考える傾向があります。「会議ばっかり多くて」という愚痴も聞きます。確かに内容の乏しい会議や報告だけの会議は退屈します。しかし、「個別の援助チーム」への参加はもちろん、「コーディネーション委員会（校内委員会や学年会）」や「マネジメント委員会（運営委員会）」への参加は、学校組織として子どもによい学校教育を提供するための重要な仕事であり、間接的な子どもへの援助サービスです。子どもと直接的にかかわる授業にも、間接的にかかわる会議にも、心のスイッチを「オン」にして臨む必要があります。

第二に、誰でも対等に意見が出せる会議にすることです。経験の浅い教師は、子どもへの援助に対して自信がないことが多く、先輩教師の意見を聞く立場になりがちです。そうならないために、会議に出る前に「子どもについて観察したこと・もっている情報」「子どもへの援助サービスについての自分の意見」をメモしておくことをすすめます。それによって発言しやすくなるばかりではなく、発言する機会がなくても自分の意見を意識することによって発言する能力を高めることができます。

第三に、自分の立場でできることを探し、実行することです。話し合いの場では、できることを一つ提案し、それが実行できたかを確認することが必要です。自分の学級・学年や担当する部活の子どもであるかどうかにかかわらず、会議で対象となっているすべての子どもに対して、自分はなにができるかを考え責任をもって実行する「当事者意識」が、チーム学校の力になります。

考えてみよう

あなたが参加している職員会議、委員会、学年会、援助チームについて考えてみてください。そしてあなたの学校の組織の強みと課題について、それぞれ3つ以上あげてください。

5章

みんなが子どもの「カウンセラー」

――多様な援助者の連携

学校心理学では、子どもの援助者をヘルパーとして位置づけています。つまり、本章でいう「カウンセラー」は、専門的カウンセラーだけではなく、子どもの援助者としてのカウンセラー（ヘルパー）という意味になります。

ヘルパーという見方をすると、子どもの周りにはたくさんのヘルパーがいることに気がつきます。スクールカウンセラーだけでなくすべての教職員がヘルパーであり、その時やその場で、困っている子どもにはどの教職員も放っておかずにかかわるのが学校のよさです。そして保護者はもちろん、地域にも、子どものことをヘルパーとして支えてくれる、交番のおまわりさん、商店やコンビニエンスストアの店員さんなどがいます。

1　4種類のヘルパー

学校心理学では、子どもの援助者を「4種類のヘルパー」として分類しています（石隈、1999年）。

(1) ボランティア的ヘルパー

友人や地域の隣人など、職業上や家族としての役割とは関係なく、自発的に子どもや教師、保護者への援助を行う人のことです。ボランティア的ヘルパーに必要なのは、苦戦している人を放っておけないという思い、相手を援助しようとする自発的な意思、自由時間、そしてある程度の援助能力です。映画では『男はつらいよ』のフーテンの寅さん、現実社会では災害時にボランティアとして積極的に活動してくれるような人です。ボランティア的ヘルパーに関する課題は、友人が少なく、援助をあまり受けられない子どもへの対応です。ピアサポートのプログラムを実践することで、多くの子どもに友人かどうかは別として学級や学校の仲間を援助する態度とスキルが育ち、ボランティア的ヘルパーの活動を広い対象に届けることになります。ピアサポートのプログラムは、いじめ防止につながるといわれています。隣人などの援助も、学校の子どもたちのために生かしたいものです。

(2) 役割的ヘルパー

役割の一つとして心理教育的援助サービスを行う人のことです。保護者は親としての役割と援助者としての役割をもっています。また保護者は、「自分の子どもの専門家」として位置づけられます。保護者は、直接子どもと接しているため、子どもの苦戦や長所がよくわかっています。しかし、子どもの苦戦に強く共感する人でもあるため、保護者自身の傷つきや苦戦についても配慮しながら、保護者の専門性を子どもの援助に生かさなくてはいけません。役割的ヘルパーにとって必要なのは、相手を援助するという役割意識、そして自分の立場で使用できる援助力です。児童虐待を行う保護者は、子どもを守り援助する機能が働いていないといえます。学校や社会は親の愛情の代わりにはなれませんが、子どもを守る機能を補完することはできます。

(3) 複合的ヘルパー

職業上の複数の役割をもちながら、その一つあるいは一側面として心理教育的援助サービスを提供する人のことです。教師は子どもの指導・援助を総合的に行う複合的ヘルパーであり、その仕事の幅はたいへん広いものといえます。複合的ヘルパーにとって必要なのは、心理教育的援助サービスを行う意識、そして自分の職業で使用できる援助力です。さらに子どもの失敗と回復につきあってきた経験、子どもの成功への過程につきあい喜びを共有してきた経験が、教師の援助サービスの持ち味になります。複合的ヘルパーの課題は、自分の多様な仕事において心理教育的援助サービスをどう位置づけるかということです。子どもの援助に関する当事者意識が教師によって異なるのです。「不登校の問題はスクールカウンセラーに」という丸投げは、援助サービスはスクールカウンセラーの仕事と決めつけていることから生まれます。

(4) 専門的ヘルパー

心理教育的援助サービスを主な仕事として専門的に行う人のことです。スクールカウンセラーやスクールソーシャルワーカーは、その代表的な人です。これまで日本の学校では、生徒指導・教育相談担当の教師、教育相談コーディネーターなどが、心理教育的援助サービスについて研修を受けながら、専門的ヘルパーの機能を果たしてきていました。また、養護教諭や特別支援教育の教師も、一人ひとりの子どもの援助ニーズに応じた心理教育的援助サービスを行っており、専門的ヘルパーの機能を果たしているといえます。そしてスクールカウンセラーやスクールソーシャルワーカーが、チーム学校において心理・福祉の「専門スタッフ」として位置づけられるようになってきたのです。スクールカウンセラーなどの専門的ヘルパーは、相手を援助する意思はもちろん、心理教育的援助サービスについての専門的な知識と技法を体系的にもつ必要がありま す。さらに「学校において援助サービスを行う能力」への社会的認知が求められます。

日本で初めての心理職の国家資格である「公認心理師法」が、２０１５年9月16日に公布され、２０１７年9月15日に施行されました。心理学的援助サービスの「一定の資質」を国家資格として保証する「公認心理師」が登場したのです。公認心理師は、保健医療、福祉、教育、司法・犯罪、産業・労働の５分野などで、要支援者に対して、①心理状態の観察とその結果の分析（アセスメント）、②心理に関する相談に応じ、助言、指導などの援助（カウンセリングなど）、③関係者に対し、その相談に応じ、助言、指導などの援助（コンサルテーションなど）、そして、④心の健康に関する知識の普及を図るための教育を行う、心理支援の総合職です。公認心理師養成のカリキュラムには、基本的な心理支援の知識や技能が体系的にカバーされています。学校教育に関する経験や知識のある公認心理師資格をもつスクールカウンセラーや特別支援教育の相談員などに期待したいと思います。もちろん、教育分野における心理支援の経験を豊富にもつ、民間資格の臨床心理士、学校心理士、ガイダンスカウンセラーなどの活用も有用です。

2　学級の子どもたちと教師の連携

学級の子どもたち（ボランティア的ヘルパー）が学級担任（複合的ヘルパー）と協力して行った、不登校の友人への援助の例です。

中学2年生のA子は、ゴールデンウィーク明けから学校を休むようになりました。学級の友人の何人かはA子のことを気にかけ、自発的に、学校で配付されるプリントを届けたり、登校のときに迎えにいったりしていました。3学期になるとA子は相談室に登校するようになりましたが、教室に行くことはできませんでした。学級担任とも相談して、給食の時間になると、学級の女子が交代でA子の給食を相談室に届け、A子にひと言、声をかけるようになりました。さらに友人たち数人が給食を相談室でとるようになり、A子といろいろな話をするようになりました。翌年からA子は教室で授業を受けるようになりました。

この例では、クラスメートの生徒たちが、A子になにをしてあげられるかを考え、自ら行動しています。友人がボランティア的ヘルパーになるときに、注意したい点があります。まずボランティア的ヘルパー（友人）が、教師の指示ではなく自主的に援助するということです。A子の友人たちは、自分たちでなにかできないかと考えて行動しました。同時に、教師は複合的ヘルパーとしてA子になすべき援助をしっかりと行っています。また教師は、ボランティア的ヘルパーである子どもたちを「援助する側」におかないことです。すべての子どもたちを、「援助を受ける側」におき、子どもたちの学校生活の援助もこれまでどおり行うことです（大河原、2007年）。そうしないと、子どもたちは教師の援助をもらえないという不利益を被ることになると同時に、ボランティア的ヘルパーの活動についても不満が出てきます。そして子どもたちとA子が援助する人・される人になり、A子の自立を妨げることにもなります。

3　地域の援助資源と教師の連携

地域のボランティア的ヘルパーが、複合的ヘルパー（教師）と協力した例です。

B中学校では、学校が大変に荒れた時期がありました。生徒が教師に反抗し、授業が成立しなくなりました。B中学校の校区内には商店街などがあり、地域の人も学校の荒れについては心配していました。そこで学校から地域の青少年協議会に働きかけ、商工会議所を中心にして教師と一緒に地域のパトロールを行いました。小さい頃から生徒のことを知っている地域の人から声をかけられると、学校では教師に反抗していた生徒も素直に話を聞くことに教師は驚きました。その後、商店街の人からの提案によって、学校の挨拶運動に地域の人が参加するようになりました。さらに、この活動は地域ぐるみの子どもの見守り運動へと展開していきました。小・中学校の登下校には、老人会の協力を得て、家庭にいる年配の方が家の前に出て子どもたちの安全を見守ることになりました。

このような地域にいるボランティア的ヘルパーは、学校の中の問題に直接入っていくことをためらっていることがあります。B中学校では、学校の困った状況を率直に地域の人に相談し、ボランティア的ヘルパーに対して子どもの援助をしてくれるように働きかけています。子どもの周りにいるヘルパーを見つけ出し、一緒に援助をしてもらえるように働きかけることが重要です。また、地域にいるボランティア的ヘルパーは、子どもの成長の過程を知っているので、教師とは違う視点があり、教師と異なるかかわり方をしてくれます。このようなメリットを生かせると、子どもの成長にあわせて、継続した援助をすることができます。

4 保護者・教師・スクールカウンセラーの連携

保護者、教師、スクールカウンセラーの3種類のヘルパーが、苦戦する子どもの、中核の援助チームを形成します。中学1年生の2学期から不登校になったC子の事例です。C子が学校を休むようになった理由については、C子自身にも保護者にもよくわかりませんでした。中学1年生の頃は家庭訪問した担任教師と話をし、電話にも出ていました。しかし、中学2年生になると学校からの連絡や家庭訪問をいやがるようになり、担任教師と顔を合わせることもなくなりました。C子のこのような状態をなんとかしたいと思った母親は、中学校の相談室で、スクールカウンセラー、担任教師との話し合いをずっと続けていました。中学2年生の2学期に、母親から「C子が英語の教科書を見ていることがある」という情報が伝えられました。そこで、スクールカウンセラーが家庭訪問をして英語の勉強をしようと提案すると、C子はスクールカウンセラーと勉強するようになりました。そして中学3年生になると少しずつ教室で授業を受けるようになり、高校受験をめざして勉強を始めました。

教師やスクールカウンセラーなどが子どもと会えない場合、子どもの情報は家族など生活を共にする人がもっています。「先週理髪店に行った」「一緒にご飯を食べに行った」「買い物に行った」などの情報は、子どもが家から外に出たいと思っていることを表現していることがあります。このような小さな変化は、子どもの身近にいる役割的ヘルパーがよくわかっており、「自分の子どもの専門家」であるからこそできるヘルパーとしての役割であるといえます。一方で役割的ヘルパーは、子どもとの距離が近い人であるため、援助者として機能している場合とそうでない場合とがあります。家族の問題や虐待など、保護者との関係が子どもにとってよい影響を与えないこともあります。教師やスクールカウンセラーが保護者の話を十分に聞き、保護者が子どもの援助者になれるように働きかけます。

考えてみよう　あなたの援助者としての強みと課題について、それぞれ3つ以上あげてください。

6章 学校教育の場を生かして

学級づくり
――子どもの環境を整える

1 学級づくり

4月に教師を待っているのが、学級開きです。学級開きは子どもと教師が一緒に新しい学級をつくっていく第一歩です。4月初めのこの時期を、「黄金の3日間」という人もいるくらいです。そして1年間という期限付きの集団である学級は成熟していきます。学級づくりは、子どもと教師の共同作業であり、グループワークともいえます。今日、子どもの発達の状況も保護者の教育観も多様ですから、教師の学級づくりについての柔軟性や多文化と共生する力が求められます。学級づくりは、子どもの成長を促進する環境づくりともいえます。

まず学級集団をつくることで、学習場面で子どもたちが、他者の意見を聞き、互いに教え合う機会を提供します。このような子ども同士の活動を使ったアクティブ・ラーニングによる授業は、新しい学習指導要領によって「主体的・対話的で深い学び」として位置づけられています。また学級集団は、教師と子どもによってつくられる「小さな社会」であると考えられています。そのなかで子どもたちは、「学校生活のルール」を知り、それに自分を合わせることや、自分の考えを上手に主張できるようになることなどの社会性を身に付けていきます。自分だけでなく友人がいることでがまんすることや一緒に活動することの楽しさを知り、大人になるための準備をします。

2 学級担任の役割

学級づくりは、学校づくりの一環として行います。学級経営の目標が学校経営の目標と呼応していることが大切です。どのような学級、どのような仲間集団をつくるかという学級経営には、教師の教育観や願いが影響します。学級集団のファシリテーターである教師は、学級や教育に関する自分自身の考えを確認しながら、子どもの多様性を認め、共に学級をつくっていきます。

(1) 学級環境の整備（ハード面）

学級環境の整備は学級経営にとって重要です。安全・安心な学級環境にすることが求められます。感染症対策なども、安全・安心な学校づくり、学級づくりの基盤になります。また教室を、清潔で明るく、快適なものにすることが、教師の毎日の仕事になります。落ち着かない学級は、たいていの場合、ゴミが落ちている、机の位置がバラバラで雑然とした感じがする、掲示物がなく殺風景である、逆に掲示物がありすぎる、などの環境になっていることがあります。作文や絵などの掲示物は、貼る作品、貼る場所、コメントなどに配慮して、学級のすべての子どもたちの自尊感情と学級への所属意識が高まるようにしたいものです。また日程表や行事予定なども、子どもに理解できるようにすることが、子どもの安心感を高めます。他の学級を見るなどして、自分の学級のようすを再確認することも必要です。

(2) 誰一人取り残さない学級づくり（ソフト面）

誰一人取り残さない学級づくりには、教師のひいきや体罰がないこと、子ども同士のいじめがないことなどが必須条件です。そして重要なことは、学級で折り合いをつけるのがつらい子どもを出さないことです（19章参照）。

そのためには、転校生や海外から帰国した子ども、発達障害のある子ども、ＬＧＢＴの子どもなど、学校生活で苦戦するリスクのある子どものためになにができるかを考えることです。例えば発達障害のある子どもや転校生が学級集団で折り合いをつけるためには、学級のルールをシンプルにして明文化することです。「お互いにやさしくする」よりも「乱暴な言葉を使わない」というルールがわかりやすいのです。さらに「乱暴な言葉」については、学級会や道徳の授業で考えて具体化するといいでしょう。また構成的グループエンカウンター（ＳＧＥ）などを活用した人間関係づくりも、子どもの居場所づくりに役立ちます（國分・國分、２０１８年）。学校生活で苦戦しやすい子どもが安心感をもてる学級は、すべての子どもにとって安心できる学級になります。

さらに気をつけたいのは「学級王国」にならないことです。学級を超えた学年や学校での合同授業や行事などを積極的に行い、多様な子どもの成長につなげる学校づくりをめざしましょう。近年は学年の全教員による「全員担任制」の学校もあり、注目されています（工藤、２０１８年）。

(3) 子どもの発達を踏まえた指導・援助

子どもへの指導や援助は、一人ひとりのニーズと発達に合わせることが大切です。学級での子どものようすや活動で、発達の状況や援助ニーズが見えてきます。例えば、子どもが「みんなが使うものを壊した」ときの対応として、小学校低学年であれば、やってよいことと悪いことについて伝え、社会生活上のきまりを指導します。中学年の子どもには、社会のきまり、学級のきまりの意義を理解するように援助します。高学年の子どもには、社会の中で自他の権利を大切にし義務を果たすためにはどのような行動が正しいかを考えさせます。文部科学省「小学校学習指導要領（平成29年告示）解説総則編」にある道徳的判断を高めるような指導が、参考になります。子どもの年齢や発達に合わせて、教師の援助や対応を変えることも必要です。そして、一人ひとりの子どもの発達の多様な状況を観察しながら、柔軟な対応をとることが求められます。

3　学級担任の行う子どもへの援助

学級担任は、子どもが学級で困難さを感じる課題に取り組む際、具体的な援助をします。子どもへの援助は、子どもが自分一人でできることと、誰かのサポートを受けてできることがあることを知らせ、子どもの自主性や自立を促進するように行います。教師が子ども集団に、または個別に行う援助は、「なにを送るか（贈るか）」に焦点をあてて4種類のサポートに整理できます（House、1981年）。学級担任の行うタイムリーな援助は、安心できる学級づくりに役立ちます。

(1) 情緒的サポート

情緒的サポートは、子どもに情緒的な声かけを送るサポートです。例えば、試験前に不安をもっている学級の子どもに対して、「大丈夫だよ」「自信をもってやればいいのよ」などのように、励まし勇気づけるサポートです。気をつけたいのは、「がんばって」という言葉です。精一杯がんばっている子どもには、「もっとがんばれ」と聞こえて逆効果です。「がんばっているね」「無理しないでね」などが、多くの子どもに届きやすい声かけになります。子どもを支える言葉のレパートリーを増やしましょう。

(2) 情報的サポート

情報的サポートは、なんらかの情報を提供するサポートです。例えば、授業中、指名されて答えられない子どもがいた場合、もう一度質問をわかりやすく説明することや、教科書の何ページを見てみるとよいなどとアドバイスをすることです。試験勉強のやり方や進学先の情報を伝えることなども情報的サポートです。インターネット上に情報はあふれていますが、子どもにとって望ましいのは、「今ここで必要な情報」が、子どものそばにいる教師など信頼できる大人から提供されることです。子どもの多様なニーズに応じる情報について、教師・スクールカウンセラー・保護者らと一緒にリストの作成と更新をしましょう。

(3) 評価的サポート

評価的サポートは、子どもの行動に対して、うまくいっていることに肯定的な評価をしたり、失敗した行動に対して教師としての助言を伝えたりするフィードバックです。子どもの今日の上達や成長を、昨日のようすと比較して、「上達したね」とタイムリーな声かけをすることも、子どもの力になります。また、子どもが得意なところをほめたり、苦戦しているところで小さな一歩を進めたときも、「よくやっているね」と評価します。評価的サポートでは、子どもの行動に焦点をあてて、具体的に、タイムリーにフィードバックすることが重要です。「先生の話を聞いていませんでしたね。次はよく聞きましょう」という言い方は、話を聞くという子どもの行動に焦点があたっていますが、「先生の話をきちんと聞けない子はいけない子です」という言い方は、行動に対する注意だけでなく人格を否定することにもなりかねません。気をつけましょう。

(4) 道具的サポート

道具的サポートは、子どもが問題解決をするために役立つ道具を提供することです。子どもに鉛筆を貸す、一人でポツンといる子どもが気になったときは放課後に話を聞く時間をつくる、教室に行けない子どものために別室を用意する、などが道具的サポートになります。座席を決めるときに子どもの人間関係に配慮することや、不登校の子どもが入りやすい教室にする配慮なども道具的サポートです。教師は子どものために使える時間、空間、ものに、少しゆとりをもちたいものです。

具体的な事例です。中1女子のA子は風邪をひいて欠席したことをきっかけに、学校を休むようになりました。担任教師は電話で保護者からA子のようすを聞いていましたが、家庭訪問してA子と会う時間をつくりました（道具的サポート）。A子と話をすると、できれば学校には行きたいと思っているが不安があるということだったので、担任教師はなにが不安なのかをA子から聞きました。すると、学校で学級の友人に会うことがいやだとのことでした。そこで、「学校に行きたいと思う気持ちは大切にしよう」とフィードバックをして（評価的サポート）、登校したら別室で学習できるよう準備して（道具的サポート）、A子に心配しなくてもよいと伝えました（情緒的サポート）。担任教師は、登校したA子から学校に来るために朝早く起きたことを聞き、「自分で考えたんだね」と言いました（評価的サポート）。このように教師の子どもとのかかわり方を4種類のサポートの視点で整理すると、子どもの援助ニーズに応じ、支持的な学級づくりに役立ちます。

考えてみよう 学級・学校はどうあってほしいですか。あなたの理想とする学級・学校はどのようなものですか。

7章

養護教諭
――スクールカウンセリングのキーパーソン

1　養護教諭は心身の健康の教育を行う専門的ヘルパー

養護教諭は、心身の健康の専門性をもつ教師です。養護教諭を専任・フルタイムで置いている日本の学校教育の制度は、きわめて優れています。養護教諭は、学校保健を担う教師（複合的ヘルパー）であると同時に、心身の健康を支える心理教育的援助サービスの専門的ヘルパーでもあります。チーム学校における心理教育的援助サービスのコーディネーターの役割も果たします。

学校保健・安全実務研究会の手引書（２０２０年）を参考にすると、養護教諭の職務内容は以下の３つの柱に整理できます。まず「学校保健のマネジメント」として、①学校保健計画および学校安全計画、②保健管理（心身の健康管理、学校環境の管理）、③保健組織活動です。次に「子どもへの学校保健」として、④健康相談・保健指導（心身の健康問題への対応、関係者との連携など）、⑤保健教育です。そして「保健室経営」です。養護教諭は、新型コロナウイルス感染症の予防や対応に関しても、「3密」を避ける教育環境の整備、マスク着用・うがい・手洗いなどの「新しい保健習慣」の教育など、中心的に活動しています。

養護教諭は、日々の保健指導のなかで、子どもの体調不良の裏に隠されている、いじめや虐待、家庭の問題などに気づくことができる立場にいます。2017年に文部科学省から出された「現代的健康課題を抱える子供たちへの支援~養護教諭の役割を中心として~」では、養護教諭は教師とは異なる専門性と立場を生かし、健康面の指導だけでなく生徒指導面でも大きな役割を担うことが求められました。養護教諭は行政からも正式に専門的ヘルパーとしての職務であることが認められているのです。ただし、養護教諭の働き方が養護教諭の職業意識、学校の規模や体制づくりなどによって異なることが、スクールカウンセリングを促進するうえでの課題です。

2 子どもの悩みの発見と援助——心と身体の面から学校生活を援助

保健室を訪れる子どもは身体的な不調を訴えますが、身体的な不調に心理的な問題が関係していることが少なくありません。子どもの身体の健康は心理面に直結しているので、身体からのアプローチは有効です。

腹痛を訴えてよく保健室で休んでいるA子の例です。養護教諭はA子のようすから、腹痛の背景には心理・社会的な要因がある可能性を考えました。そこでA子にスクールカウンセラーに相談するようすすめました。スクールカウンセラーがA子の話を聞くと、家では両親が毎日のようにケンカをしていて、自分はどうしたらよいかわからないということでした。その後、A子の腹痛はなくなり、家族の問題と自分とを切り離して考えられるようになりました。腹痛を訴えるA子の症状には身体の問題だけでなく、心理的な問題があると判断したのは養護教諭の専門性によるものです。保健室という場で継続して子どもの観察をし、ようすを把握できる立場にいること、また同年代の他の子どもと比較できることも養護教諭の強みであるといえます。

また、登校すると昼前には気分が悪くなり、保健室で休むことが多いB子の例もあります。養護教諭が話を聞くと、いつも朝食をとらずに登校していることがわかりました。保護者が「食事を作ってくれず、家での食事はカップラーメンなどだけ」だということです。B子は部活動を一生懸命やっており、友人との関係もよく、体調がよくない原因が学校生活に直接関係する問題ではなく、保護者や家庭の問題であることがわかったわけです。そこで、養護教諭は、担任教師、管理職、生徒指導主事などと相談し、保護者との面談、児童相談所との相談などが行われるようになりました。養護教諭は、教師と違った視点を取り入れながら、子どもの支援者の一人として継続的に支援を行うことができます。

以上の例では、子どもの体調不良と家庭の問題とが密接に関連しています。いじめ、自殺、児童虐待など重大な問題では、早く問題を発見し、学校としての方針を決定することが求められます。特に、いじめ防止対策推進法（２０１３年）や児童虐待の防止等に関する法律（２０００年）の公布・施行後、いじめや児童虐待に関して学校が組織として対応することが求められており、問題の発見と援助における養護教諭の働きは大きいのです。

３　保健室の働き

保健室の働きについて、居場所、保健室登校、情報の宝庫の３点から説明します。

第一に、子どもは保健室で養護教諭と話すことで、自分の問題を整理したり、自分の強み（自助資源）やサポーター（援助資源）を発見したりすることができます。「保健室」には相談機能があるのです。しかし保健室は、１対１のカウンセリングを行う「相談室」とは違います。養護教諭と話す、健康のことをケアしてもらう、ゆったりと過ごすなど、保健室は子どもにとって休養し、自分を取り戻す「居場所」の一つになるのです。養護教諭とおしゃべりすることが、子どものストレスマネジメントに役立つこともあります。保健室での子どものようすを、担任や保護者など援助チームのメンバーと共有することが大切です。

保健室は気軽に相談ができる場所として誰でも自由に使えるようにしておくことが必要です

が、学校によっては保健室の使い方が制限されることがあります。特に学校や子どもが落ち着かず、「荒れ」ているときなどは、保健室がたまり場のようになってしまうことがあるからです。自由に話ができる雰囲気のある保健室であると同時に、生徒指導という立場で保健室利用のルールをつくり、学校全体で共有しておくことも必要でしょう。

第二に、「保健室登校」とは「常時保健室にいるか、特定の授業に出席できても学校にいる間は主として保健室にいる状態」をさします（日本学校保健会、1991年）。つまり、なんらかの事情で教室に入ることができないため、保健室で教育を受けている状態といえます。保健室登校の子どもは、発達障害、いじめ被害などによる学校生活の困難で、特別な援助ニーズのある子どもです。したがって、養護教諭、担任、学年の教師、教育相談・特別支援教育のコーディネーター等が、援助チームとなってかかわる必要があります。しかし、教室に入れない子どもの教育を「保健室」にお願いして、「丸投げ」になっているところもあります。それでは養護教諭の負担が大きく、すべての子どもへの学校保健の活動に支障が出ます。保健室登校の子どもにはプラスになりますが、学校全体の教育に関していえば問題があります。保健室登校あるいは保健室で過ごすことが多い子どもについては、コーディネーション委員会（教育相談部会、生徒指導委員会、学校保健委員会、校内委員会、学年会等）で定期的に取り上げ、「子どものためにすること」を確認して、そのうち「教室でできること」「行事を通してできること」「保健室でできること」などを整理しながら、担任、養護教諭、スクールカウンセラーなどの役割を検討します。つまり、子どもへの援助を学校全体で分けていくのです。保健室登校の代わりに、別室登校を工夫しているところもあります。福島県の「スペシャルサポートルーム」は、担当の教師が子どもの多様な援助ニーズに対応するシステムです。

第三に、子どもも教師も訪れる保健室は、子どもや学校に関する「情報の宝庫」となります。養護教諭のもとには、子どもの心身の問題だけでなく学校の問題に関する多様な情報が集まります。子どもの話から、学校全体のようすがわかることもあります。授業中に騒がしくなっている学級のこと、授業中の先生の態度、部活動でのもめごとや人間関係など、教師からは聞くことができない情報が多くあります。一方、保健室を訪れる教師がなんらかの困りごとや悩みをかかえていることがあります。保健室で体温を測りながら、担任をしている子どものこと、同僚との関係についての悩み、家族についての心配ごとなどを話すこともあります。

保健室の利用状況も、心理教育的援助サービスにとって重要な情報となります。

ある小学校では、トイレのドアが壊されたことをきっかけに子どもが教師の指導に対して反抗する状態になりました。この状態が顕在化したのは、夏以降のことですが養護教諭は6月ぐらいから学校のようすがおかしいことに気づいていました。保健室の記録を見ると、6月にこれまでなかったようなケンカをしたり、窓ガラスにぶつかったりしてケガをして保健室に来る子どもの数が急に増えていました。保健室での記録は、学校全体のようすを把握することに役立ちます。養護教諭は、保健室の利用状況などを分析し、その結果をコーディネーション委員会でわかりやすく報告することで、児童生徒の指導に貢献することができます。

4 学校内外でのコーディネーターとしての養護教諭の役割と課題

学校には「コーディネーター」が複数います。教頭先生、養護教諭、生徒指導主事、教育相談コーディネーター、特別支援教育コーディネーター、スクールカウンセラーなどです。養護教諭は「コーディネーターチーム」の一員として、心身の健康や、学校内外のネットワークなど、自分の強みを生かすことが期待されます。心身の健康を援助する養護教諭は、チーム学校における心理教育的援助サービスのコーディネーションを支えるキーパーソンなのです。

例えば、養護教諭はいじめや虐待などを発見したときや、発達障害のある子どもへの特別な援助が必要であると認識したときは、校内の担当組織へとつなぎます。学校全体で取り組む必要があるからです。養護教諭などのコーディネーターを生かす組織をつくり運営していくことが、チーム学校に求められています。特別支援教育における校内委員会、いじめ防止の組織において、養護教諭は重要なメンバーであり、コーディネーターの一人になります。

さらに、子どもへの援助や対応には、学校外の機関との連携が必要になる場合があります。養護教諭は、学校医や地域の保健医療機関とのネットワークをもっています。チーム学校において、養護教諭がコーディネーターチームの一員として学校外の専門機関との連携にかかわることで、より効果的な援助が可能になります。また、養護教諭に今後は専門スタッフ（スクールカウンセラー、スクールソーシャルワーカー、特別支援教育の専門家など）とのさらなる協働も求められます。専門スタッフについては、その役割がまだ個人の力量に任されている部分が少なくありません。それだけに、学校としてなにを求めているかを伝え、役割分担をどのようにするかなどを専門スタッフと協議することは重要です。養護教諭がコーディネーターとして協議に参加することでより大きな効果を上げることができると考えられます。

考えてみよう

子どもへの援助で養護教諭にしてもらっていること、お願いしたいことについて、それぞれ3つ以上あげてください。

8章

生徒指導と教育相談
――ガイダンスとカウンセリング

1 学習指導、生徒指導、教育相談

学校教育は学習指導と生徒指導の二つの柱から成り立っています。生徒指導は特定の場所や時間に限定されることなく、授業や放課後の活動、休み時間など学校生活のすべてを通して行われるので、学習指導と重なります。生徒指導は一人ひとりの子どもの成長をめざす、広義の「スクールカウンセリング」としてとらえることができます。しかしながら、「生徒指導は非行の子どもが対象で、教育相談は不登校の子どもが対象」として、生徒指導を狭義にとらえている学校もまだあります。

2010年の『生徒指導提要』の中で、生徒指導は、「**一人一人の児童生徒の人格を尊重し、個性の伸長を図りながら、社会的資質や行動力を高めることを目指して行われる教育活動のこと**」であると定義されました。つまり、学校教育と同様に、生徒指導には一人ひとりの個人を育

てるという側面と、社会を構成する人材を育てるという側面があります。そのため生徒指導では、生徒が自分で考えて、決めて、実行しながら、自らを振り返り成長する力を育てるのです。日々の教育活動においては、①児童生徒に自己存在感を与えること、②共感的な人間関係を育成すること、そして③自己決定の場を与え児童生徒の可能性を援助することが留意点としてあげられています。

また**教育相談は、「生徒指導の一環として位置付けられるものであり、その中心的な役割を担う」**とされました。そして、「一人一人の生徒の教育上の問題について、本人又はその親などに、その望ましい在り方を助言すること」であり、特定の教師だけが行うものでも、相談室だけで行われるものでもないことが示されています。教育相談は一人ひとりの子どもの発達促進をめざし、子どもの成長過程での苦戦において援助することであり、子どもへのカウンセリングや保護者へのコンサルテーションを含むものです。つまり生徒指導と教育相談は、すべての児童生徒を対象として、教師・スクールカウンセラー・地域の援助者が「チーム学校」で行うものです。

2　トータルな援助をめざす

生徒指導・教育相談はよりよい子どもの成長や発達をめざしており、指導サービスと援助サービスとに分類できます（石隈、1999年）。指導サービスは、子どもが成長するうえで必要な知識や能力を獲得できるように指導する教育活動のことです。一方、援助サービスは、子どもが学校生活を送るうえで出会う問題状況や課題に対して解決できるように援助する教育活動を意味します。指導サービスと援助サービスを総合的に行うのが生徒指導であり、生徒指導の中核的な活動として援助サービスを行うのが教育相談と理解できます。英語では、生徒指導を「ガイダンスカウンセリング」と表現します。生徒指導（ガイダンス）の一貫として、教育相談（カウンセリング）が行われるのです。

指導サービスにおいては「教える」ことに重点がおかれます。指導サービスの中心になるのは、教師が積極的に教える活動をさす「ティーチング」や、学校生活への適応や子どもの進路の決定などについて教師がその案内人としてガイドする「ガイダンス」の機能です。すべての子どもにガイダンスが行えるように、「ガイダンスカリキュラム」をしっかりとカリキュラムに位置づけることが大切です。例えば、子どもの進路に関するキャリアガイダンスの授業や行事などです。一方、援助サービスは、子どもの発達に関する問題と学校生活を送るうえでの課題への援助です。どんな子どもにも成長するうえで援助ニーズがあります。子どもの周囲にいる大人のサポートが必要です。

指導サービスと援助サービスは、独立して行うものではなく、一つのものであると考えます。

下の図に示した一本の木は、地上に見える部分が成長し大きくなって花を咲かせ実をつけます。そしてその成長のためには、それを支える地下の根の部分が健やかでなければなりません。木と根の関係は子どもへの指導と援助の関係であり、そのどちらが優先されるというものではなく、一人ひとりの子どものニーズに応じてトータルに行うことが求められます。

3　教師による教育相談のポイント

学校での教育相談の特徴は、その担い手の中心が教師であることです。上手に子どもの教育相談ができている教師を見本にして、教育相談を進める際のポイントについて述べます。

指導サービスとその基盤としての援助サービス（石隈, 1999年）

(1) 子どもから信頼を得る

教師と子どもは学校生活のなかでお互いが観察し合う関係であることを忘れてはいけません。教師はたくさんの子どもから見られ、一つひとつの言動は子どもからチェックされています。子どもは、授業中や休み時間を通して教師がどのように自分たちとかかわっているか、そこに不公平がないか、指導の仕方はどうかなどについてよく見ています。そして信頼に値する大人かどうかが問われています。

(2) 児童生徒・保護者と上手な面談を行う

子どもや保護者と上手な面談を行うことも重要です（15章参照）。面談の基本は「聞く」ことです。聞くということは簡単そうに思えますが、たいへん難しいことです。カウンセリングでは「傾聴」といいますが、言葉だけでなく姿勢やしぐさ、その裏にある感情にも注意を払い、相手の話に最後まで耳を傾け、共感をもって理解しようとすることです。傾聴を基本に、話し手が自分を理解し、自分の力で建設的に問題解決できるような援助につなげます。コツとしては、相手の話を興味をもって真剣に聞くことです。自分の話を受け止めてもらえていると話し手が感じるときには、上手な面談ができています。また、話を聞くときには、主語や述語を明確にし、話し手がなにを伝えたいのかを整理しながら聞くこともポイントとなります。また、教師には面談のなかで適切なアドバイスをすることも求められます。このようなときのポイントは、説得するのではなく子どもや保護者が納得できるアドバイスをすることです。

(3) 学校生活のいろいろな場面を活用する

学校は、さまざまな場面で子どもとかかわり、子どもが気軽に相談ができる場です。挨拶をするときに声をかける、廊下ですれ違ったときに話を聞く、放課後に気になる子どもにお手伝いをしてもらいながら話をするなど、工夫次第で子どもと話ができる場面がたくさんあります。授業中も学級の雰囲気や子どもたちのようすを見る場になります。

4　教師が行う教育相談の課題と限界

教育相談では、教師だからこそできることが多くあります。子どもを直接観察できること、タイムリーな援助を行えること、授業や学級経営を工夫することなどです。しかし、教師が行うことで起こる葛藤や課題もあります。

(1) 日常場面での援助者

例えば、担任している学級で「A君によるいじめ」の問題が起こったとします。担任教師は、子どもたちから事情を聞くことになります。その際、日頃のA君のようすの把握や自分の評価（例えば、A君はやさしい子どもである）によって、子どもの行動についての判断（例えば、A君はいじめの加害をするはずはない）をしてしまうことがあります。これは教師が学級コミュニティで子どもと過ごす時間が多く、子どもに関する情報をたくさんもっているために起こることでもあります。つまり、スクールカウンセラーと違い、教師は子どもを客観的に見ることが容易ではありません。また教師にとって、相談や面接の開始から終結というプロセスを構造化することも難しいのです。問題状況が解決しても子どもとの関係は続きます。教師が行う教育相談には日常場面を共有する者としての強みと課題があることを、教師自身が意識しておくことが必要です。

(2) 指導と援助のバランス

また、指導と援助のバランスをとるのが難しい場合があります。特に子どもの問題状況と家庭での問題とに関連がある場合は、どこまで子どもの心情に寄りそうか、どこまで子どもの行為を指導するかなど、子どもの事情がわかるからこそ起こる葛藤があることを意識する必要があります。

小学6年生のB君は、なにかをきっかけにして突然怒りだしたり、友人になぐりかかったりしてしまいます。担任教師は、B君がそうなることの理由が理解できないまま、B君が怒りださないようにずっと一緒にいるようにしていました。それでもB君が突然怒りだして友人に殴りかかろうとすることは減りません。担任教師や学年主任は、B君のこのような行動に対して、「人を殴ってはいけない、深呼吸をして落ち着きなさい」と諭します。そのときB君は「わかった」と言うのですが、しばらくするとまた同じようなことが起こってしまいました。このようなB君に対してまずしなくてはいけないことは、B君の困り感を理解すること、つまり心理・社会面に焦点をあてた援助サービスをすることです。B君自身が困っていることを理解しないで、ただ正しい行動を示してもB君の行動は変わりません。B君が「なにをしたかったのか、なにをしたくなかったのか」をまず理解することです。そのうえで、B君の行動について「なにがよくて、なにがいけないか」を明確にすることです。このプロセスを意識しないと、「そういうことをするとみんなから嫌われるでしょ。だからやめないと」などと言ってもB君には伝わりにくいのです。つまり指導サービスは、その根の部分、援助サービスを基盤とすることが重要だということです。生徒指導・教育相談の充実には、指導と援助の二つの関係を理解し、そのバランスをとりながら進めることが鍵となります。

(3) 教師ができる教育相談の限界

子どもの心理的な援助サービスのニーズが複雑であるとき、また福祉的な援助サービスのニーズが大きいときには、教師ができる教育相談には限界があります。子どもの悩みがこれまでの発達の過程や家族のことと関係したり、自己理解が難しかったりする場合は、スクールカウンセラーとの協働が有用です。さらに子どもの情緒的不安定さが教師やスクールカウンセラーの理解を超えるときは精神科・心療内科の医師と相談することも必要になります。そして、子どもの問題の背景に家族の葛藤や経済状況の問題があるときには、スクールソーシャルワーカーとの協働や児童相談所との連携が求められます。『生徒指導提要』にも、教師は教育相談の目的を実現するために、発達心理学や認知心理学、学校心理学などの理論と実践に学ぶことが必要と指摘されています。これらを学ぶことで、教師による教育相談でできることとできないことがあることを知って、タイムリーな連携を行うことができます。

考えてみよう 「生徒指導」「教育相談」について、どのようなイメージをもっているか述べてください。

3段階の心理教育的援助サービス

スクールカウンセリングは、すべての子どもの学校生活の質を維持向上させる心理教育的援助サービスをめざします。子どもの学校生活における困りや悩みの程度は異なり、援助ニーズの程度も異なります。そこで学校心理学では、3段階（3階建て）の心理教育的援助サービスのモデルを活用しています（水野・家近・石隈、2018年）。子どもの援助ニーズの程度によってどのような援助を行うか整理することで援助サービスを計画的に行うことができます。学級や学年のすべての子どもの援助ニーズに応じながら、援助ニーズの大きい子どもにはさらなる援助サービスを付加する（積み重ねる）というモデルです。3段階の援助サービスモデルは、「開発的・予防的・問題解決的生徒指導」や「開発的・予防的・問題解決的カウンセリング」という枠組みと呼応するものです。

1　1次的援助サービスの意義と対象

1次的援助サービスは、発達促進的な援助サービスです。学校あるいは学級のすべての子どもが対象になります。例えば、小学校1年1組の全員、1年全員、あるいは全校の子どもです。すべての子どもですから、子どもの発達の状況や学校生活上の困り・悩みは多様です。子どもや家族の価値観も多様ですし、子どもの経済状況も多様です。1次的援助サービスは、多様な子どもへの援助サービスといえます。

1次的援助サービスは、すべての子どもの「基礎的な援助ニーズ」や「共通する援助ニーズ」（学力をつける、社会性をつけるなど）に応えることをめざします。基礎的で共通する援助ニーズの判断には、子どもの発達段階や学年（例えば、小学1年生）という基準があります。子どもの発達段階は、臨床心理学者エリク・エリクソンの心理社会的発達段階（幼児期、児童期、青年期など）が参考になります。各学年の教育に関しては、学習指導要領が基準となります。そして重要なことは、「今、ここで」かかわっている学級や学校の子どもたちの学校生活のアセスメントです。1次的援助サービスの内容や方法は、学校や学級によって異なるのです。授業や特別活動における子どもの行動（例えば、落ち着いて生活しているか）や、指導に対する理解や応答（例えば、授業を理解しているか）が重要な情報となります。教師が年度ごとに学級のようすを見て、授業の進め方を工夫するのは、毎年「すべての子ども」が変わり、「共通する援助ニーズ」が変わるからです。

1次的援助サービスには促進的援助と予防的援助があります。

促進的援助は、子どもが学校生活を通して、発達上の課題に取り組むうえで必要とする基礎的な能力（学習能力、対人関係能力など）の開発を援助するサービスです。つまり、子どもが課題に取り組み、問題状況に対処する能力という、子ども自身の資源（自助資源）の開発を積極的に援助するサービスです。授業や行事等を含めた教育活動が1次的援助サービスに関係します。

そして予防的援助には、多くの子どもが出会う課題（進学時の適応など）を予測して、課題への準備を前もって援助す

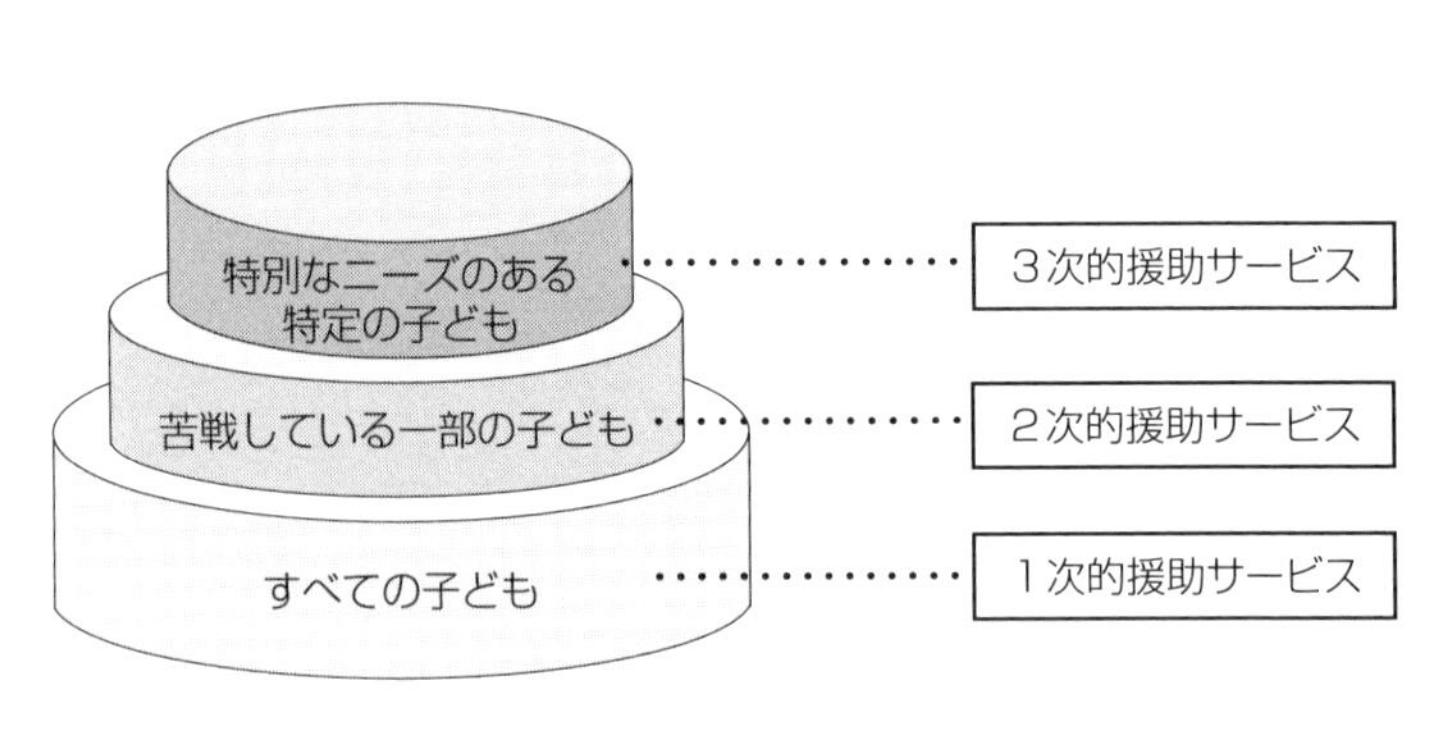

3段階の心理教育的援助サービス

るサービスがあります。このような予防的援助は、学校の移行期の適応の問題が成長を妨害したり、危機状況に子どもを追い込んだりすることを予防するのです。例えば、小学校入学前のオリエンテーション（一日入学など）は、これから入学する子どもたちの学校に対する心理的なレディネス（心構え）を促進します。同様に、オリエンテーションやガイダンスは、思春期が始まる小学5年生・6年生、中学入学時、高校入学時、高校卒業時にも必要です。近頃は、大学入学前の高校生にも、スクーリングによる「入学前教育」を行い、学生生活を紹介したり、友達づくりの機会を提供したりしています。

2　2次的援助サービスの意義と対象

教師は1次的援助サービスを行いながら、学習や友人関係につまずいている子どもに気づくことがよくあります。また学校には、転校生など学校生活への適応で心配な子どもがいます。これらの「一部の子ども」（と言っても、少なくはないのですが）のもつ援助ニーズは、1次的援助サービスでは十分に満たされません。**2次的援助サービスは「付加的な援助ニーズ」をもつ一部の子どもの問題状況に対して行われる予防的サービスであり、問題が大きくなって子どもの成長を妨害しないようにします。**子どもが問題状況を乗り越えながら成長するのを、援助するのです。

2次的援助サービスの鍵は、援助の対象となる子どもの早期発見とタイムリーな援助です。

2次的援助サービスは学校生活で苦戦している子どもに対して教育上の工夫をすることであり、「教育的配慮」と呼べます。授業の工夫など1次的援助サービスが適切に行われている場合は、発達の偏りがあって学習などで苦戦しやすい子どもでも、2次的援助サービスのニーズが小さくなっています。「A君は昨年度は離席が多かったけど、今年は落ち着いて授業に参加しているね」という観察は、学級での1次的援助サービスが適切に行われている成果かもしれません。逆に、1次的援助サービスが適切でない場合は、多くの子どもが2次的援助サービスを必要とするようになります。

2次的援助サービスの対象は、2種類です。①学校生活（学習面、心理・社会面、進路・キャリア面、健康面）における課題でのつまずき、あるいは学校生活の乱れ（遅刻、早退、欠席など）が見えはじめた子ども、②転校生、帰国生、長期欠席の経験者、LGBT、家庭環境での変化（両親の離婚・再婚、弟や妹の誕生）や苦戦（きょうだいに障害があったり、不登校・ひきこもりの状態にあったりする場合）など、学校生活で苦戦するリスクの高い子どもです。

学校生活でつまずいた子どもの発見は、子どもからのSOSを教師がどう受け取るか、つまりSOSの受信力にかかっています。教師や保護者が子どものSOSを発見する限界を補うのが、アンケートです。いじめに関するアンケートや健康診断も、子どもの学校生活での苦戦を把握する手段になります。そして「楽しい学校生活を送るためのアンケート：Q－U」（田上・河村、2000年）によって、学級の友人関係で承認されている程度、侵害を受けている程度を把握することにより、子どもの援助ニーズを把握することができます。承認されていて侵害を受けていない子どもは、「学校生活満足群」に分類されます。承認の程度が低く、侵害の程度が高い子どもは、「要支援群」です。そして承認の程度は高いが侵害の程度も高い子どもや、承認の程度が低く侵害の程度も低い子どもは「要配慮群」と呼ばれます。学校生活満足群の子どもは1次的援助サービスで十分ですが、要配慮群の子どもには2次的援助サービスも付加する必要があり、要支援群の子どもには3次的援助サービスも必要です。このアンケートは学級の子どもたちの学校生活の満足度も測定することができ、学級の状態の把握にもなります。「要配慮群」の多い学級では、1次的援助サービスが適切に行われていない可能性があります。

転校生・帰国生や家庭で苦戦している子どもは、学校生活にはきちんと取り組んでいる場合が多く、援助ニーズが見逃されがちです。教師は子どものがんばりを見ると、安心してしまうのです。学校生活で苦戦するリスクのある子どものリストを作り、学年会や教育相談部会などのコーディネーション委員会で情報を共有して、大きな問題状況になる前に援助したいものです。

学校教育における「予防」とは、子どもが新型コロナウイルスに感染するのを予防することとは異なります。保健医療における予防とは病気になるのを防ぐことで、発生予防です。しかし、子どもの発達においては、問題が起こらないことが第一ではありませんし、完全に無事をめざすこともできません。子どもは発達の途上で、学習面、友人関係、進路などでよくつまずきます。心理教育的援助サービスは、子どもがつまずきながら、問題状況を乗り越えて成長することをめざします。したがって、2次的援助サービスには問題状況がひどくならないための予防の意味があるのです。

3　3次的援助サービスの意義と対象

3次的援助サービスの目的は、特別な教育ニーズをもつ「特定の子ども」が自分の強さや周りの援助資源を活用して、自分の発達や学校生活上の課題に取り組みながら成長するよう援助することです。 つまり、特定の子どもの重大な援助ニーズは、良質の1次的援助サービスとタイムリーな2次的援助サービスに、個別に計画され実践される3次的援助サービスを加えた包括的な援助により満たされるのです。3次的援助サービスでは学校・家庭・地域の連携によるチーム援助が求められます。

重大な援助ニーズには、長期の欠席（不登校）が続く状態、いじめの被害者や「加害者」、非行で犯罪にかかわっている場合、発達障害など障害による学校生活の困難などが関係します。また家庭生活において、経済的な援助ニーズの大きい場合、児童虐待が疑われる場合、災害の被害、感染症の罹患なども関係します。

茨城県のフレックススクール、東京都のチャレンジスクールなど、不登校や発達障害のある生徒の教育に力を入れている高校、あるいは特別支援学級や特別支援学校における3段階（3階建て）の学校教育では、1次的援助サービス、2次的援助サービス、3次的援助サービスが一体化しています。例えば、授業においても一人ひとりの子どもの学業の進度に合わせた指導が行われます。また肢体不自由の子どものための特別支援学校では、エレベーターは必ず設置されています。一方、不登校の状態にあって子どもが家庭にいる場合は、1次的援助サービス、2次的援助サービス、3次的援助サービスにおいて、チーム学校を通した保護者への援助や地域の援助サービスの活用が求められます。

考えてみよう 子どもたちの援助ニーズの程度は多様です。あなたが工夫していることをあげてみてください。

10章

1次的援助サービス
――すべての子どもへの発達促進的援助

1次的援助サービスでは、学級・学校における子どもの発達や学校生活のようすを把握して、子どもの基礎的ニーズ・共通のニーズに応える援助サービスを実施します。例えば、安全・安心な学級づくり（学級経営）・学校づくり（学校経営）です。また、授業づくりや対人関係プログラムなどもあります。教師が日常的に取り組んでいる教育活動が、すべての子どもを支える1次的援助サービスなのです。1次的援助サービスの内容と方法を紹介します。

1　安全・安心な環境づくり

子どもの学級・学校を安全・安心な環境にすることが、すべての援助サービスの基盤となります。例えば、教室や校舎内環境の整備に取り組んでいる学校があります。掲示版をわかりやすくする工夫も、その一つです。

すべての子どもの作文が、ポジティブなコメントをそえて掲示されている学級を見せていただいたことがあります。担任の赤字のコメントには、「とてもよい」「ここでがんばっている」などとあり、書かれた子どもをはじめ学級のみんなが見て元気になるよう配慮されていました。廊下の掲示コーナーに遠足の写真が貼ってあり、どの子どももどこかで登場するような工夫がされています。

また、安全・安心の環境とは、「痛い」「つらい」「不安」「怖い」というネガティブな感情や「助けて」という主張を表現できて、受け入れてもらえるところです。授業中の子どもの発言への対応では、特に間違った答えのときがポイントです。「その答えはおもしろいね」などのフィードバックは、学級の支持的な風土づくりに有効です。また、子どもが失敗したときの周りの対応も課題になります。「今回はうまくいかなかったね。でもよく努力したね」「試験が近づくと不安だよね」と、子どもの気持ちを理解できる教師が安心できる環境をつくります。

2　すべての子どものための学習の援助

すべての子どもの学習意欲を高め、基礎学力をつけることをめざす工夫は、1次的援助サービスとなります。日本では、学級における授業の改善を通して教育の質を高める努力をしており、

「授業研究」は日本が世界に誇るものです。子どもの学習意欲を高め、基礎学力の獲得を援助する授業は1次的援助サービスの中核であり、多様な学び方をもつ子どもへの2次的・3次的援助サービスにもなります。すべての子どもがわかる「授業のユニバーサルデザイン」（授業UD）が提唱されています（小貫・桂，2014年）。授業UDは、通常の教科の授業で追究していた「わかる・できる」授業づくりを再考しながら、特別支援教育の考え方や指導方法を取り入れて生かす授業のデザインです。発達障害など特別な支援を必要としている子どもも含めて、学級全員の子どもが楽しく参加して、わかる・できる授業をつくることをめざしています。例えば、授業の進み方の見通し（時間の構造化）、視覚情報と聴覚情報の調整（情報伝達の工夫）、子どもにもわかる論理的な授業の流れ（展開の構造化）などです。

一方、アメリカには「学びのユニバーサルデザイン（UDL）」という考え方があります（バーンズ亀山・川俣，2018年）。アメリカの子どもたちは、人種、宗教、社会経済的地位が異なります。肌の色はもちろん、身長、体重、算数・国語の得点も含めて、「平均的な子ども」は存在しないのです。そこで「多様な子ども」の学習をしっかりと援助することが教育の目標となります。UDLでは、「教師が全部教えなければいけない」から、「子どもは自分で学ぶ」への発想の転換があり、そして教師にできるのは学びのファシリテーターとしての環境づくりであると考えます。UDLでは、子どもが「自分の学びのエキスパート」になり、自分の学習のための行動を選択できるように、「学習への取り組み、学習内容の理解、行動と表出」のための多様な方法を提供します。

第一は、**子どもの学習への取り組みでは、子どもが目的をもって楽しく意欲的に学ぶための援助です。**例えば、漢字の読みの課題や宿題では教科書以外に興味のあるもの（昆虫、料理、野球など）に関する図書、パンフレット、ウェブサイトを使うことができます。そして、努力やがんばりを続けるために、「コックになるために料理の本が読めるようになる」などの「目的・目標」を明確にして、ノートに書いたり、掲示したりします。さらに、学習を支える行動（自己調整）のために、自己評価や内省の力を育てるのです。

第二は、**子どもの理解を促進するために、子どもが学ぶために必要な情報や知識などの学習リソースにアクセスし、活用する援助です。**子どもの情報を知覚する得意なスタイル（視覚・聴覚など）に合わせます。視覚情報が得意な子どもには、教師は話す内容に関する絵や写真を見せるようにします。聴覚情報が得意な子どもには、絵や写真の説明をていねいにするようにします。授業では、視覚情報と聴覚情報のバランスをとったり刺激量の調整をします。つまり、教師がしゃべりすぎて聴覚情報を過多にしないことで、視覚スタイル、聴覚スタイルの子どもにも、理解しやすくなります。また、デジタル教材を使うことで、さらに子どもにわかりやすい情報の提示ができます。そして言語・数式・記号を理解しやすくすることです。外国語話者のための翻訳アプリがありますが、ＰＣやスマートフォン（支援テクノロジー）でそれらの定義や説明にアクセスするようにできます。もちろんＩＣＴを使わなくても、教室の誰でも見えるところに、「九九の表」「１ℓ（リットル）＝10dℓ（デシリットル）＝１０００mℓ（ミリリットル）の関係の読み方と図解」「和室＝畳の部屋などの翻訳」が掲示してあると、子どもが自分に必要なものにアクセスできます。さらに理解を進めるために、重要な事項を目立たせたり、知識のパターンや関係を図示したりします。

第三は、**子どもが学ぶために行動することや学んだことを表現する援助です。**まず、ＰＣやスマートフォンや教材へのアクセスなどの身体動作です。コロナ禍でＧＩＧＡスクール構想（すべての子どもに１人１台の端末を整備することなど）の実現が早くなりました。また、学習目標達成のためには、学習の方略や計画を立てることや進捗状況をモニタリングするなどの援助が必要です。そして学んだことや自分の考えを表出したりコミュニケーションをするための方法を多様にすることです。日本の学校では「作文」など「書く」という表現方法が主流です。しかし書く（書字の）スキルをつけることが学習の目的の場合を除けば、表現方法は多様です。口で言う、絵に描く、工作などの作品を作る、ダンスをするなどもあります。

授業ＵＤは、学級での授業に焦点をあてており、またＵＤＬは子どもの学習活動に焦点をあてています。日本の授業ＵＤを土台にし、相補的な取り組みとしてアメリカのＵＤＬも取り入れるとよいかもしれません。子どもと教師がタブレット等を使える今こそ、すべての子どもの学習を変えるチャンスです。

3 対人関係能力を高めるプログラム

対人関係能力を高めるプログラムとして、ソーシャルスキルトレーニング、構成的グループエンカウンター（ＳＧＥ）などがあります。近年注目されているのが、社会性と情動の学習（ソーシャル・アンド・エモーショナル・ラーニング＝ＳＥＬ）です。ＳＥＬは子どもの社会性に関する心理教育プログラムの総称で、「ＳＥＬ‐８Ｓ」という学習プログラムが開発されています（小泉・山田、２０１１年）。それは「自己への気づき」「他者への気づき」「自己のコントロール」「対人関係」「責任ある意思決定」という5つの基礎的社会的能力、「生活上の問題防止のスキル」「人生の重要事態に対処する能力」「積極的・貢献的な奉仕活動」という3つの応用的社会的能力で、計８つの社会的能力を育てるプログラムです。

自死を防ぐためにＳＯＳを発信する力を伸ばすプログラムが注目されていますが、それは対人関係や人生の重要事態に対処する能力と関係します。このような対人関係能力を高めるプログラムを教育課程に位置づけることで、持続可能なプログラムになります。学年や学校の状態から子どもたちに共通する援助ニーズを把握することが第一歩です。例えば、落ち着きのない学年であれば「自己のコントロール」を学級活動で取り上げたり、中学校では保健体育で「生活上の問題防止のスキル」として薬物使用の害について取り上げたりします。また友達づくりの苦手な子どもの多い学年の行事では、「対人関係」の能力を高める目標を立てることができます。

4　1次的援助サービスの課題

学級や学校の集団に対して行われる1次的援助サービスは、多様な子どもへの援助サービスになります。そこで、すべての子どもの基礎的な共通の援助ニーズに応じながら、一人ひとりの子どもの「多様なニーズ」にどう応じるかが課題となります。すべての子どものための1次的援助サービスのための心理教育的アセスメントは、子どもの学校生活の状況（学習面、心理・社会面、進路・キャリア面、健康面）について調べ、子どもにとって開発が必要な能力や予防する問題を把握することにより、年間の教育計画や学校行事の計画を作成する資料を提供することです（13章参照）。集団の学力検査の結果、体力測定・健康診断の結果をはじめ、子どもの登校状況、行事の振り返りの結果などが資料になります。年度末の学年会、生徒指導委員会、教育相談部会、校内委員会などのコーディネーション委員会で、これらの資料を整理して、次年度の1次的援助サービスの提案を管理職・マネジメント委員会に提出します。

そして、子どもの発達や特性、家庭の状況の「違い」（多様性）を理解しながら、「同じ」（共通する）ニーズに焦点をあてるのです。この課題には、言葉の選び方の配慮、プログラムの工夫、集団づくりの工夫が必要です。例えば、言葉の選び方の配慮としては、さまざまな家庭状況があることから、「お父さん、お母さん」という言い方から「お家の人」という言い方になってきています。また、外国につながりのある子どもが学級にいて日本語の理解が困難な場合は、「居間」は「リビング」と言い換えたりして、言葉の選択に気をつけます。

また子どもの特性への配慮として、学級全体の子どもにプログラムを行うときは、そのプログラムに参加するのが困難な子どもを思い浮かべます。例えば、小学校の学級活動でストレス対処を扱うときは、学級の子どもにまずどんなストレスがあるかを聞いて、次にストレス対処のさまざまな方法についてグループで話し合うという授業計画をつくるとします。学級に意見を発表するのが苦手な子どもがいる場合は、グループで話し合うときには付箋を使って表をうめるという方法にすれば口頭での負担が減ります。発達の特性により授業やワークへ参加することが困難な子どもに参加方法の選択肢を提供するとき、ＵＤＬが参考になります。

考えてみよう　学校のすべての子どもに提供したいことを、3つ以上あげてください。

11章

2次的援助サービス
——苦戦している一部の子どもへの予防的援助

1　プラスアルファの援助サービスとその対象

学級や学校における1次的援助サービスを充実させても、援助ニーズが十分に満たされない子どもがいます。2次的援助サービスは、学習のつまずきなど学校生活で苦戦が始まった子どもや、転校生などどこれから苦戦するリスクの高い子どもへの援助サービスです。さらに特別な援助ニーズのある子どもには、3次的援助サービスを行います。

1次的援助サービスにプラスアルファする援助サービス（2次的援助サービスと3次的援助サービス）の対象を整理するのに、神奈川県の「支援教育」が参考になります。神奈川県では、障害のある子どもを対象とした特別支援教育だけでなく、援助ニーズの大きい子どもへの「支援教育」を実施しています（神奈川県立総合教育センター、2021年）。神奈川県では1990年代から、いわゆる「障害児」と「健常児」の狭間にいて、「軽度の障害のある子ども」や「困った子ども（問題児）」などは、特別な教育的配慮が必要な子どもたちであると考えられていました。

この考えは学校心理学の枠組みを参考にしており、筆者らも神奈川県の支援教育にかかわっています。支援教育では、子どもの援助ニーズに応じて2次的援助サービスや3次的援助サービスを行うために、その対象を明確にしています。支援教育の対象として、「特別支援教育の対象となる子ども」だけでなく、「不登校の状態にある子ども」「行動などに課題のある子ども」「外国につながりのある子ども」「その他の気になる子ども」があげられています。1990年代に2020年代にも通用する、子どもを問題児として決めつけないような表現を選択した神奈川県の教育担当者に敬意を表します。これらの表現は、子ども自身や保護者と共有できるものです。スクールカウンセリングの用語を使えば、「行動など

神奈川県支援教育モデル

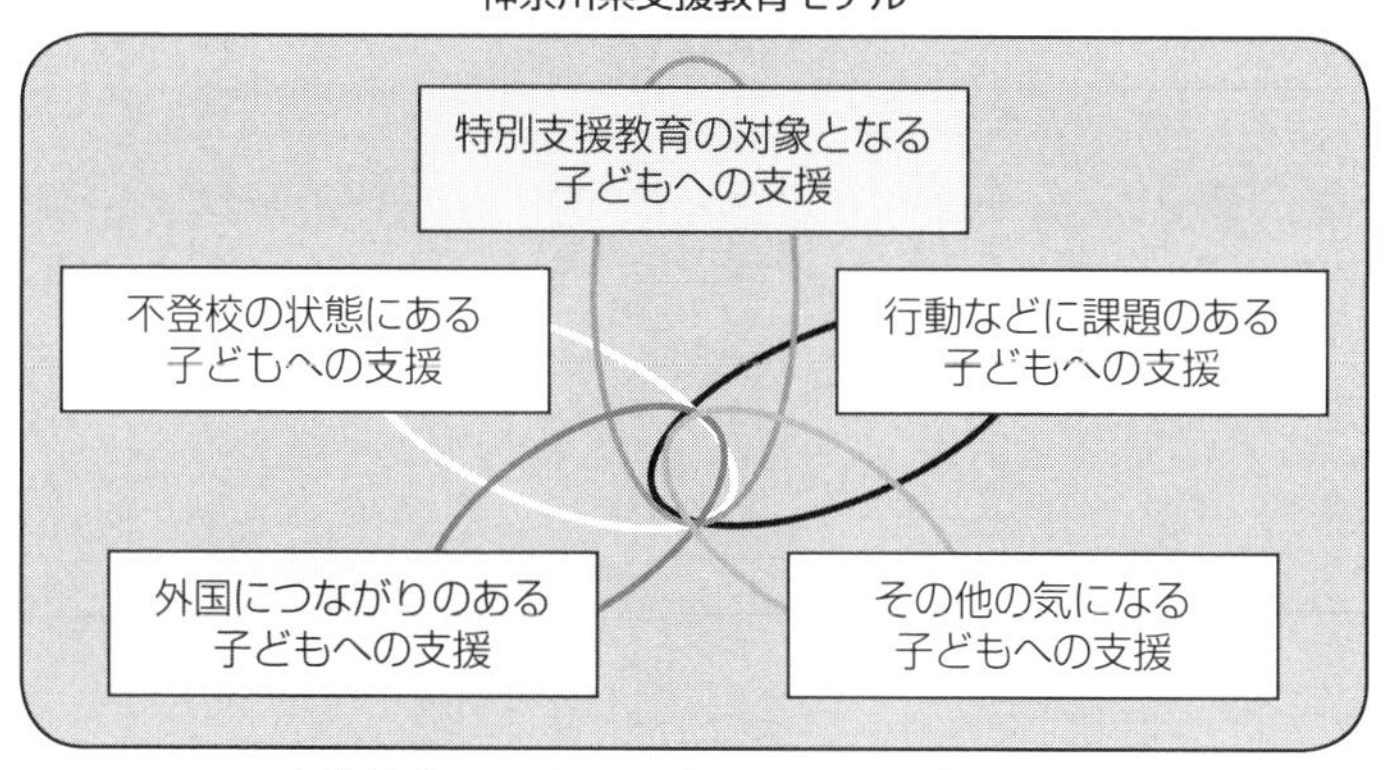

2次的援助サービス・3次的援助サービスへの対応

神奈川県立総合教育センター「支援を必要とする児童・生徒の教育のために
―教育相談コーディネーターとチームづくり―」（2021年）をもとに作成

に課題のある子ども」は、「非行傾向の子ども」などです。また「外国につながりのある子ども」には、外国語を母語とする子ども、海外生活から帰国した日本人の子どもが含まれています。そして、「その他の気になる子ども」には、家庭における児童虐待が疑われる場合も含まれています。

2　2次的援助サービスの内容

2次的援助サービスは、教師が保護者と連絡をとり、教育相談コーディネーター、養護教諭、特別支援教育コーディネーター、スクールカウンセラーらと相談しながら、子どもの付加的な援助ニーズを把握して進めます。2次的援助サービスの例をいくつかあげます。

(1) 友人関係で苦戦が始まった子ども

子どもの苦戦の状況をよく観察します。その子どもに苦手な子どもがいる場合は、班づくり・グループづくりでその苦手な子どもと一緒にしないような配慮ができます。また、友達と話したい気持ちはあるけれど自分からは話しかけられない子どもの援助ニーズには、担任教師が他の子どもとの会話中に、その子どもを引き込んだりすることで応えます。いじめアンケートの結果や「Q-U」（田上・河村、2000年）の結果から、学級の友人にからかわれていることがわかったときは、担任教師が子どもや保護者と面談して状況を把握することが大切です。

(2) 授業で苦戦が始まった子ども

子どもの苦手なところを把握するとともに興味のある教科や得意なところを把握して、援助方法を選択します。学習意欲の低下が始まった子どもの場合は、活躍の場を与えることで子どもの学習意欲を維持できる可能性があります。また、宿題を提出しないことが続く子どもや宿題を完成させていない子どもに関しては、それが学習意欲の問題なのか、学力の問題なのか、他の要因なのかを把握して、宿題の内容と量を子どもができるように工夫します。単に「宿題を忘れる子ども」とひと括りにしてしまうと、子どもの宿題にかかわる援助ニーズを見落としてしまい、ただ「宿題をしなさい」を繰り返すことになるのです。特に学習面で困難さを示しはじめた子どもには、宿題の調整とていねいなフィードバックが学習意欲の維持と基礎学力の向上につながります。学習の援助では、学びのユニバーサルデザイン（ＵＤＬ）の考え方で、一人ひとりの子どもの関心、意欲がでるポイントなどを活用することをすすめます。

(3) 行事が苦手な子ども

運動会、遠足、修学旅行などは、学校生活の「危機」になる可能性があります。運動会の練習を始める前に、学年会において、運動会やその練習で苦戦しそうな子ども、運動会や行事の後に欠席数が増えたことのある子どものリストを作ります。そして子どもの得意なところ・苦手なところを把握して、子どもが苦戦する場面で取り組みやすくなるように工夫します。例えば、運動会では、その子が参加するプログラムの待ち時間を減らすなどです。この2次的援助サービスを記録して、次年度の援助のために引き継ぎます。何人かの子どもに対して、行事の工夫が蓄積されると、学校で「行事工夫リスト」が作成できます。

(4) 保健室や相談室

保健室や相談室では、学校生活で苦戦している子どもの援助ができます。養護教諭やスクールカウンセラーの視点から観察したり、学級担任と情報交換をしたりして、子どもの援助ニーズを把握します。昼休みに相談室への「自由来談」の時間をつくり、子どもたちがそこで自由に話す機会を提供している学校もあります。また、保健室や相談室の「落書きノート」も子どもが自分の気持ちを表現する機会を提供します。

そして転校生など学校生活で苦戦するリスクの高い子どもに関する援助サービスでは、継続的な援助が必要です。例えば、新年度の転校に関しては、担任、保護者、子どもの三者面談を、4

月から7月まではまず毎月1回行って、「がんばっていること・楽しんでいること」「苦戦していること・援助が必要なこと」を聞くことをすすめます。子どもの学校生活への適応がよい場合は、9月以降は2～3カ月に1回程度でよいかもしれません。

3　2次的援助サービスの課題

2次的援助サービスのための心理教育的アセスメントは、学校生活での問題で苦戦している子どもの発見と援助ニーズの把握により、タイムリーな2次的援助サービス（教育的配慮）を計画する資料を提供することです（13章参照）。学年会で「SOSチェックリスト」（石隈、1999年）や「Q-U」の結果をもちよること、また行事（運動会など）の前に苦戦しそうな子どもの状況を共有することが、心理教育的アセスメントにあたります。

2次的援助サービスの課題は、「対象となる子どもの発見」と「タイムリーなかかわり」です。子どものSOSは見逃されやすく、がんばって登校している転校生らの援助ニーズは過小評価されやすいのです。子どものSOSの発見を妨げるのが、教師や保護者のもつ「大丈夫リスト」です。教師や保護者のみなさんに、「『○○な子どもは大丈夫』の文章を完成させてみてください」と促すと、「元気のよい子どもは大丈夫」「成績のよい子どもは大丈夫」「家庭がしっかりしている子どもは大丈夫」などの文章になります。これらの子どもに関するビリーフ（考え方や信念）は、教師や保護者の経験からきているものですが、すべてのケースに当てはまるとは限りません。友人にからかわれていても、担任や保護者の前では笑顔を見せる子どももいます。保護者が教育熱心でも、子どもはそれを大きな重圧に感じており悩んでいるかもしれません。そこで「ＳＯＳチェックリスト」、「ハイリスク児童生徒リスト」（転校生など：９章参照）などを活用して、学年会や保護者との面談などで、付加的な援助ニーズのある子どもを発見する必要があります。

次に「タイムリーなかかわり」です。保健医療では「早期発見、早期治療」ですが、スクールカウンセリングでは「早期発見、タイムリーな援助」です。子どもが算数でつまずいたとき、子どもが学習意欲を維持してがんばっている場合と、どうしてよいか困っている場合があります。前者の場合、算数の学習方法のアドバイスは、ようすを見ながらになります。一方、後者の場合は、すぐに学習方法を助言するかもしれません。子どもの援助ニーズを把握しながら、自主性を尊重した援助が効果的です。

考えてみよう 「気になる子ども」を3人以上思い出してください。まずその子どもたちの特徴をあげ、どんな援助をしているか述べてください。

12章

3次的援助サービス

——特別な援助ニーズをもつ特定の子どもへの個別的援助

3次的援助サービスは、特別な援助ニーズをもつ子どもが、自助資源（自分の強いところ、できるところ）を生かして、学校生活での課題に取り組むうえでの問題状況・危機状況に対処しながら、成長していくように援助することです。特別な援助ニーズには、不登校の状態、いじめの被害者・加害者、非行による犯罪への関与や児童虐待の被害など、子どもの苦戦が関係します。特定の子どもの「援助ニーズ」の程度は、1次的援助サービスと2次的援助サービスの成果によって異なります。学校は子どもの重大な援助ニーズに応じる包括的な援助の一環として、一人ひとりの子どもに「個別に計画された3次的援助サービス（個別的援助）」を提供します。

1　3次的援助サービスの内容と方法

3次的援助サービスでは、子どもの自助資源を伸ばす援助を行います。発達障害や不登校の状態で苦戦している子どもの学校生活（学習面、心理・社会面、進路・キャリア面、健康面）を充実させ、将来自立する力を育てることをめざすのです。そのためには、子どもの学校生活を困難にしている環境の改善が必須です。

例えば、ＡＤＨＤ（注意欠如／多動性障害）の子どもにとって、黒板の周りの壁にさまざまな掲示物が貼られていることは学習を妨害する刺激になります。教室環境の改善はすべての子どものための1次的援助サービスですが、ＡＤＨＤの子どもへの特別な配慮（3次的援助サービス）にもなります。また、教師の指導方法の改善も子どもの学習環境の改善といえます。子どもが成長するために、環境がどう変わるかが問われています。個別の知能検査（「ＷＩＳＣ-Ⅳ」や「ＫＡＢＣ-Ⅱ」など）によって子どもの得意な学習スタイルがわかることで、教師の指導方法を変えることができます。知能検査の実施は、子どもが自分の得意な学び方を知って学習のエキスパートになることと、教師が指導方法を工夫することで子どもの環境が変わることに貢献します。

また3次的援助サービスでは、学校における教育サービスだけでなく、地域の医療サービス、福祉サービスの活用が求められます。例えば、心身の健康面で問題のある子どもやＡＤＨＤなどの子どもが薬を服用することで、行動や生活が改善することがあります。子どもにとって服薬が効いていて落ち着いているときこそ、学習援助やスキルトレーニングをしっかりと行う機会です。服薬のおかげで行動が安定することで、子どもが学習しやすくなるのであり、服薬が直接学習成果を上げるわけではありません。医療や福祉のサービスは、子どもが学校で学ぶことを支えるものといえます。発達障害のある子どもや貧困家庭の子ども、虐待を受けた子どもなどに対する「教育の内容と方法」については、学校が判断し実行する責任をもちます。

２ 合理的配慮

特別な援助ニーズをもつ子どもへの３次的援助サービスでは、「合理的配慮」が鍵となります。合理的配慮とは、「障害のある子どもが、他の子どもと平等に「教育を受ける権利」を享有・行使することを確保するために、学校の設置者及び学校が必要かつ適当な変更・調整を行うこと」（文部科学省、２０１２年）です（22章参照）。「配慮」というと気持ちの問題のように聞こえますが、実際には変更・調整という行動を示しています。また「合理的」には、学校の状況や財政面などでの不均衡や過度の負担を課さないものという意味もあります。例えば、車椅子を使う子どもが中学校に入学してくるとき、すぐにエレベーターを設置することが難しい場合があります。その場合は、１年生の教室を１階にする、２階の図書館に移動するときは他の子どもが順番に手伝うシステムをつくる、などが合理的配慮として考えられます。本人・保護者と学校との話し合いで決めていきますが、重要なことは、理想的な合理的配慮を追求するのではなく、実現できることを早く決定して実行することです。

障害を理由とする差別の解消の推進に関する法律（障害者差別解消法）が、2013年に公布されました。そこで、合理的配慮が公的機関（国立・公立の学校）では義務となり、民間（私立の学校）では努力義務となっています。もちろん障害者差別解消法では、「障害」のない子どもへの合理的配慮の義務はありませんが、必要に応じて合理的配慮にあたる援助サービスを行う必要があります。合理的配慮はすべての3次的援助サービスにおける中核の実践となります。

3 個別の指導計画、個別の教育支援計画

3次的援助サービスは、一人ひとりの子どもの多様な援助ニーズに応じるために、個別に計画され、実施されます。障害のある子どもには「個別の指導計画」「個別の教育支援計画」が必要です。「個別の指導計画」は、障害のある子どもの特別の教育ニーズに応じて、指導目標、指導内容・方法を盛り込んだ指導計画です。一方、「個別の教育支援計画」は、一人ひとりの子どもの、乳幼児期から学校卒業後までを見通した長期的な計画であり、教育機関が地域の専門機関等と連携を図りながら、実施するものです。不登校の状態にある子どもの場合も、いじめ被害者の場合も、1年程度の個別の援助計画、長期的な視点に立った個別の援助計画が必要です。これまで不

登校の子どもの援助の際は、子どものようすを見ながら子どもに寄りそうという姿勢が強すぎて、教師やスクールカウンセラーが個別の援助計画をつくるという発想が弱かったようです。

「個別の指導計画」や個別の援助計画では、主として、①子どもの自助資源と環境の援助資源を確認しながら、②子どもの発達や学校生活の状況と援助ニーズと、③子どもへの援助の状況と成果を把握して、④援助サービスの目標・方針と計画を作成します（17章「援助チームシート」参照）。個別の指導計画や援助計画の作成・実施は、「校内委員会」「教育相談部会」などのコーディネーション委員会と個別の援助チームの連携が必要です。一つは、コーディネーション委員会に、教育相談コーディネーターや特別支援教育コーディネーター、養護教諭、スクールカウンセラー、そして管理職が入り、個別の指導計画などの案を作成して、子どもや保護者の願いや考え方を反映できる個別の援助チーム（担任・保護者・コーディネーターなど）で確認して修正する方法です。もう一つは、個別の援助チームで個別の指導計画などの案を作成して、コーディネーション委員会には担任が出席して、子どもや保護者の考えも最終の指導計画に生かす方法です。

個別の指導計画、援助計画の作成では、子どもの学校生活（学習面、心理・社会面、進路・キャリア面、健康面）に関する多角的で精密な心理教育的アセスメントが必要になります。個別の指導計画、援助計画の①②③がアセスメントの結果となります。3次的援助サービスを計画するためのアセスメントとしては、これまでの援助に関する記録などの引き継ぎ資料が参考になります。

そして学習活動（授業中の態度、宿題など）や行事などにおける行動観察、日常のテストや集団式知能検査・学力検査、Q-U（田上・河村、２０００年）の結果を活用します。さらに必要に応じて、養護教諭による面談、スクールカウンセラーによる面接なども行います。コーディネーション委員会では、教師による日頃の子どものようす、アンケートや検査結果、面接の結果を統合する方向で検討します。教師は教育の専門家として、学校保健の専門家である養護教諭、心理の専門家であるスクールカウンセラー、そして自分の子どもの専門家である保護者と、対等の立場でチーム援助に参加します。

④の援助サービスの目標・方針のうち、「目標」は子どもが主語になります。「小学3年生のAさんが小学2年生の漢字の読みができるようになる」「小学4年生のBさんが班活動で役割を果たせるようになる」「小学6年生のCさんが安心して登校できるようになる」などです。「方針」は、私たち援助者が主語になり、「Aさんが楽しんで取り組める内容の教材を使う」「Bさんに班活動について図を使って説明する」「Cさんが保健室で過ごしてもよいことにする」などです。そして援助サービスの計画は、「なにを」「誰が」「いつからいつまで行うのか」「どこで」について具体的に決めます。「なにを」については、学習面、心理・社会面、進路・キャリア面、健康面などにおける問題状況を解決するために、学習内容・方法の変更と調整、教材の工夫、学習機会の確保、対人関係の調整、個別の面談・面接、居場所の確保などがあります。その内容・方法

によって、「誰が」と「どこで」が決まってきます。学級担任や教科担任が、通常学級でできることを中心にしながら、発達障害等の子どもには通級指導の活用、教室での活動が困難な子どもには保健室や相談室の活用、また子どもの援助ニーズ（教育ニーズ、保健医療ニーズなど）によっては地域の専門機関などを活用します。

「誰が」で気をつけることは、学級担任や保護者に担当が集中しないこと、そして複数の担当者（学級担任と特別支援教育コーディネーター、学年主任と教育相談コーディネーター、養護教諭と保護者など）が協力することです。「いつからいつまで」はケースバイケースですが、1カ月、1学期などが、援助計画を見直す区切りとなります。

4 3段階の心理教育的援助サービスの積み上げと循環

通常の学級や行事などを通した1次的援助サービスを基盤として、2次的援助サービスと3次的援助サービスが行われます（日本学校心理学会、2016年）。まさに「みんなの援助」が「一人の援助」になります。しかし1次的援助サービスが脆弱な学校では、子どもたちの2次的・3次的援助サービスのニーズが大きくなり、いじめなどの問題が激化する危険性があります。同時に2次的援助サービスや3次的援助サービスで効果のあった援助の方法を1次的援助サービスで活用することで、ユニバーサルな1次的援助サービスが可能になります。例えば、授業のユニバーサルデザインは、発達障害のある子どもへの学習指導の知見を通常の授業に活用するものです。つまり「一人の援助」が「みんなの援助」を変えるのです。2次的・3次的援助サービスから1次的援助サービスへの循環が少ない場合は、学校教育の改善は遅くなります。

さらに、学校だけでは限界のある援助サービス（長期欠席中の子どもへの援助など）は保護者や地域の専門機関との連携が必須になります。学校教育における包括的援助の充実と家庭・地域との連携が、特別な援助ニーズをもつ子どもへの援助の鍵を握るのです。一方、長期欠席中の子どもの場合は、学校における援助サービスを受けることができません。子どもの生活習慣の維持、心身の健康の維持、学習意欲の維持も含めた基礎的な援助から、日々の変化に応じる対応、個別的援助まで、保護者の役割になることがあります。コロナ禍における休校中の保護者の苦戦も同様です。したがって、適応指導教室やフリースクールなど「学校」の機能をもつ援助資源の活用が求められます。教育機会確保法で、不登校の状態にある義務教育段階の子どもの教育を国や地方自治体が責任をもって行うとされたことは、とても心強いです。

考えてみよう　車椅子を使用する子どもが、あなたの関係する学校の入学試験を受けることになりました。どんな合理的配慮が考えられますか、3つ以上あげてください。

援助するスキルを磨いて

13章 子どもと環境の心理教育的アセスメント
——援助サービスの意思決定を支える力

スクールカウンセリングにおける心理教育的援助サービスには、心理教育的アセスメント、カウンセリング（直接的援助）、コンサルテーション（間接的援助）、コーディネーションなどがあります。アセスメントとは、ある問題についていろいろな情報を収集し、統合することによって意思決定のための資料を作成することをさします。そして心理教育的アセスメントとは、「援助対象となる子どもが課題に取り組むうえで出会う問題や危機の状況についての情報を収集し統合して、心理教育的援助サービスの方針や計画を立てるための資料を提供するプロセス」です。子どもの状況を理解する点で「生徒理解」や「教育評価」と関連します。

子どもがなんらかの問題を示すときには子どもだけの問題としてとらえるのではなく、子どもが学校や家庭、地域から大きな影響を受けていると考え、それらの問題が重なっているところに子どもがいることで問題状況が生じると考えます。子どもの特性のアセスメントと同時に環境にも目を向けて情報を集めていくことが、心理教育的アセスメントの特徴です。

1 援助者自身のアセスメント

教師やスクールカウンセラーなど子どもの援助者の価値観、考え方・感情・行動の特徴、そして現在の状況は、心理教育的アセスメントに影響を与えます。多動な教師は、多動傾向の子どもに共感を示すと同時に、その問題状況を過小評価するかもしれません。また、自分自身の子どもの不登校について苦戦している教師は、登校をしぶっている子どもの情報収集を早く始めるかもしれませんが、同時にその子どもに対して登校を強く促すかもしれません。

援助者が自分自身のアセスメントを行い、子どもや環境に関する心理教育的アセスメントへの影響を理解することで、心理教育的援助サービスの資料の適切な判断や心理教育的援助サービスの意思決定がより適切になります。

自分自身のアセスメントの方法としては、子どもや保護者とのかかわりの振り返り、指導・援助日誌の作成、子ども・保護者や同僚からのフィードバックが役立ちます。「……な子どもは大丈夫」などの教育に関するビリーフ（考え方や信念）の点検も、自分の価値観のアセスメントにつながります。（11章参照）

2 子どもの学校生活のアセスメント

子どもの特性に焦点をあてて情報を集めるときには、子どもの学習面、心理・社会面、進路・キャリア面、健康面の枠組みを使うととらえやすくなります。

(1) 学習面

子どもの学習面のアセスメントでは、学習への意欲や得意な教科、知能や学力、学習の進度などを把握します。これらは、認知面、情緒面、行動面に分類することができます。認知面は子どもの学習の成功に関係します。学習への考え方、学習するということの理解や目標のもち方、得意な学習スタイルなども含まれます。情緒面は子どもの学習への取りかかりや維持に関係します。子どもの学習への興味関心や意欲、学習を通して得る達成感、教師への感情、学級集団への感情などです。行動面には、ノートの取り方や発言の仕方、集中のようすなどがあります。子どもの学習行動が、子どもの学習スタイル（認知）や学習上の意欲（情緒）と一致しているかどうかも把握したいものです。

発達に課題がある子どもの場合、言語を理解する力や表現する力などの言語面の発達と、指先を使う微細運動やボールを投げる粗大運動などの運動面の能力についての理解も必要です。特に、板書を写すことや体育で苦戦している子どもの場合は、言語面・運動面のアセスメントは欠かせません。

最後に、子どもの学習活動の核となっている「学習観」について把握したいものです。学習観とは、「学習することで成長する」ということや「どうせ学習してもわからないので、する意味がない」ということなどで、学習に関する認知・情緒・行動の総体といえます。不登校や発達障害で苦戦している子どもは、学習観がネガティブであることがよくあります。子どもの気持ちを理解しながら、学校・家庭・地域で、学ぶ楽しさを伝えたり、成功体験を積む機会をつくったりすることが求められます。

(2) 心理・社会面

心理面と社会面は互いに強く関係するので、心理・社会面といわれることが多くあります。心理面のアセスメントは、子どもが自分自身とどうかかわっているかについての理解ですから、子どもがなにを感じているのか、なにを考えているのかという内的世界（世界観）を理解することです。一人ひとりの子どもには、独自の考え方や感情があります。

社会面のアセスメントは、子どもが他者とどうかかわっているかの理解です。子どもの対人関係（人間関係）の特徴や状況を把握する必要があります。友達との関係のつくり方や家族との関係、学級集団や部活動などでの人間関係のつくり方などは、子ども一人ひとりによって違うからです。

(3) 進路・キャリア面

子どものキャリア発達（将来の生き方や働き方に関係する行動の発達）の状況を把握するためには、適性についての自己理解、社会とかかわる力、将来に関する不安への対処などの情報が必要です。具体的には、得意なこと・趣味、将来の夢・憧れ、役割意識、進路の希望や将来の目標などの情報が役立ちます。憧れや将来の夢などは、子どもが問題状況を乗り越えていくための原動力となります。子どもがもっている価値観や社会観も、子どもと社会とのかかわり方を理解するために必要です。子どもの社会観がネガティブ（例えば、「世の中には悪い人ばかり」という認識）なときは、子どもの社会観の背景にある経験をていねいに聞いて理解したいものです。

(4) 健康面

子どもの心身の健康面のアセスメントは、日常的にも重要ですが、特に震災やコロナ禍などのときは、子どもを理解する基盤となります。心理的健康（元気の度合い、イライラの度合いなど）と身体的健康（食事・睡眠、発熱など）について把握しておかなければなりません。そして、子どもの健康を維持するために役立っている習慣（外遊び・運動、食事の習慣など）についての情報も有用です。また、視力、聴力などの把握は子どもの学習面の課題を解決するときの情報としても必要です。

3 子どもの環境のアセスメント

子どもが生活する環境面についてアセスメントする必要があります。

(1) 学級や学校

子どもの学校生活は、学級集団を基盤として成り立っています（6章参照）。もし、学級が落ち着いた学習集団であれば、授業等を通して学習意欲を向上させる援助案を考えやすくなります。学級が騒々しく、落ち着かない状態であれば、音に敏感な子どもは教室にいることが苦痛だと感じるでしょう。また、学校でいじめなどの問題があるときには、自分が被害者でなくても、それをいやだと思って不登校になる子どもがいるかもしれません。加えて、教師の考え方、教え方、子どもとの関係などは学級風土と関連しますから、環境の一部として把握する必要があります。

さらに学校の雰囲気や規則などの情報も必要になります。「中1ギャップ」は小学校から中学校への移行期に困難さをもつことですが、これには担任教師と過ごす時間の違い、授業時間の長さや規則の違いなどが、子どもの学校適応になんらかの影響を与えている可能性があります。また、それぞれの学校の方針や雰囲気などは、子どもの心理・社会面に影響を及ぼします。そのため、教師やスクールカウンセラーが中心となって学級や学校環境の情報を集めることが必要です。

(2) 家庭や地域

子どもは、家庭や地域の特徴に影響を受けながら成長します。特に家庭での生活、保護者の養育態度や価値観などは直接的に子どもに影響します。保護者は、子どもにとって継続的な援助資源です。しかし、虐待（身体的虐待、性的虐待、ネグレクト、心理的虐待）など、不適切な養育が子どもの学校生活に影響を与えている場合もあり、家庭のようすについてのアセスメントが必要です。また、子どもが生活している地域の把握も重要です。家族や地域が大切にしていることは、子どもの規範意識に影響を与えるからです。家庭や地域の状況が学校生活に与える影響のアセスメントについては、スクールソーシャルワーカーとの連携が鍵となります。

(3) 子どもと環境の相互作用のアセスメント

子どもが学校生活にうまく適応できていないときには、子どもと教師や学級集団との相互作用がうまくいっていないと考えて情報を集めると新しい見方ができるようになります。その際に役立つのが「子どもの行動様式と学校が要請する行動の適合（マッチング）」（近藤、1994年）と、「子どもと場の折り合い」（田上、1999年）です。（「折り合い論」は、19章で紹介します）

ここではマッチング理論について紹介します。子どもは誰も、自分の行動様式をもっています。集団生活へのなじみやすさ、発言の積極性など、子どもは小さい頃から家庭生活や幼児教育を通して、自分の行動様式を獲得してきています。学校で、教師からいろいろな要請行動が出されると、子どもは自分の行動様式と適合させようとします。そのマッチングのズレが小さいときは、子どもの工夫や努力で解決できるので、成長につながります。しかし、マッチングのズレが大きいときは、子どもに大きな苦戦を強いることになります。

例えば、教師は授業を進めるなかで子どもに対してたくさんの要請行動をしています。「なにか気づいたことはありますか」などと問うことは、子どもに対して「すぐに正しい答えを出しなさい」という要請行動になります。子どもが教師の要請行動に対して反応しない場合は、子どもの行動様式と教師の要請行動とのマッチングが悪いのかもしれません。そこで、子どもの行動様式（ゆっくり考えてから発表する、口頭よりも文字で書いて表現するなど）がなんであるか、教師の要請行動とその背景にある願い（すぐに発表してほしい、人前でちゃんと発表してほしいなど）がなにかということを把握します。

また、「子どもの学習様式」と「教師の教授様式」とがマッチングしない場合も子どもは苦戦します。例えば、国語の時間に板書をたくさんして子どもにノートをとるように促す先生の教え方は、文字を書くのが苦手な子どもにとっては苦痛を感じるものとなります。また、見て覚えることが得意な子ども、耳で聞いて学習したほうがよい子ども、書いて覚えることが得意な子など、学習スタイルは子どもによって異なります。教師の教育観（子どもへの願い）、行動様式、授業様式のアセスメントが、子どもと環境の相互作用のアセスメントにとって必須となります。

考えてみよう

あなたがかかわった子どものなかで「好きな子ども」と「苦手な子ども」を3名思い出してください。そしてそれぞれの子どもの特徴を述べてください。

14章

心理教育的アセスメントの方法

——賢いアセスメント

心理教育的アセスメントの方法には、観察、面談・面接、心理検査、記録書類での引き継ぎなどがあります。子どもに関する「事実」を収集して、それが学校生活や援助ニーズに関して、どんな「意味」をもつのか推論し、考察するのです。この心理教育的アセスメントの哲学が、アラン・カウフマン博士の提唱する「賢いアセスメント」です（石隈、１９９９年）。

1 観察

援助が必要な子どもの発見には、援助者である教師や保護者などによる気づきが重要です。それはある意味では、「この子どもは今日はなにか変だ」という教師や保護者の直感ですから、「子どもの授業中のようすがいつもと違う」という観察による事実に裏付けられなくてはなりません。広義の「観察」とは、ありのままの姿を注意して見るということです。その観察には、子どもの行動を直接的に観察する場合と、子どもの作品や子どもに関する書類を通して子どもを間接的に観察する方法があります。

環境の中にいる子どもを理解するためには、授業中、休み時間、部活動など、子どもを直接観察することが重要です。また担任・保護者・子どもの三者面談や家庭訪問の機会があれば、子どもと家族とのコミュニケーション、子どもの家庭や地域での生活についての情報を得ることができます。授業中の観察は、一人の教師では難しいことがあるので、スクールカウンセラー、特別支援教育支援員、教育実習生など、他の観察者が得られるときは大いに活用したいものです。子どもの身近にいるからこそ見えることと見えにくくなることがあるので、子どもにかかわる援助者たちの多様な視点からの情報を集めることが必要です。

子どもの作品には、子どもの描いた絵画、作文、試験の答案、落書きなどがあります。子どもの作品を通して、子どもの学校生活などの状況の情報を得ることができます。子どもに作品について話してもらうと、子どもに関する情報がさらに豊かになります。またスクールカウンセラーは、子どもの作品を人物画テストや動的家族画法のような心理検査として活用する場合もあります。

2　面談・面接

教師が子どもや保護者と面談すること、あるいは心理支援の専門家であるスクールカウンセラーが子どもや保護者の面接を行うことは、援助サービス（カウンセリングやコンサルテーション）の機会であると同時に、心理教育的アセスメントの機会となります。面談・面接では、子どもの学校生活に関する情報を聞くだけでなく、子どもの態度、表情、話し方、感情などを直接に観察できます。面談・面接では、子どもから、「この人は信頼できるか」「自分に関してどの程度の情報を開示しようか」という基準でテストされます。面接は英語で「interview」、つまりお互いが観察するという意味です。援助者は信頼される範囲においてのみ、子どもから情報をもらえることを忘れないでおきたいものです。

面談・面接では、子どもの困った状況や問題について、いつから始まったのか、誰がなにに困っているのか、保護者や担任教師が子どもにどうなってほしいと思っているのか、子ども自身はどうしたいと思っているのか、などについて事実を把握しなければなりません。

3 心理検査

心理検査の実施は、検査の質問や課題を用いて、子どもを観察し子どもの個人差を測定することをめざすものです。心理検査には集団式と個別式があります。集団式には、知能検査、学力検査、性格検査などがあります。「Q-U」（田上・河村、2000年）は、学級集団のアセスメントにもなり、個別の子どもの学級での人間関係のアセスメントにもなります。「WISC-Ⅳ」や「KABC-Ⅱ」などの個別式の知能検査は、LD（学習障害）など発達障害の可能性のある子どもの知的能力の発達の程度と特性（得意な学習スタイルなど）を理解するのに使われます。

学校生活に著しい困難があり特別の援助ニーズをもつ子どもについては、援助チームで心理教育的アセスメントの計画をしっかりと立てます。その計画のなかで個別の心理検査を必要に応じて選択します。特に、①なにを測ろうとしているのか、②結果をどのように活用するのか、③個別に実施するか集団で実施するか、などがポイントとなります。知能検査は、公認心理師、臨床心理士、学校心理士、特別支援教育士などの資格をもつスクールカウンセラーや特別支援教育の教師などが、訓練を受けて行います。子どもにとっては、検査を受けることは、時間的にも心理的にも負担になります。一番重要なことは、個別式であれ、集団式であれ、検査結果のもつ意味を子どもや保護者と共有して、それを子どもの学校生活の変化に生かすことです。

代表的な個別式知能検査を紹介します。

○「田中ビネー式知能検査」（2歳～成人）――精神年齢および知能指数（比率ＩＱ）が示され、知的発達の程度がわかります。

○「ＷＩＳＣ-Ⅳ」（5歳0カ月～16歳11カ月）――知的発達の程度を示す全検査ＩＱの他、「言語理解」（言語による知識や理解）、「知覚推理」（視覚などによる推理）、「ワーキングメモリー」（一時的な記憶）、「処理速度」（速く正確な処理）が算出され、子どもの学習スタイルの得意・不得意がわかります。

○「ＫＡＢＣ-Ⅱ」（2歳6カ月～18歳11カ月）――「認知能力」（継次処理、同時処理、計画能力、学習能力）および「習得度」（語彙、読み、書き、算数）に関する標準得点が算出されます。子どもの認知能力と習得度の違いや学習スタイルがわかります。

4　記録書類等での引き継ぎ

子どもの入学・進級や転校、出席状況、学業成績などの記録書類は、子どもの課題への取り組みや学校での状況を理解するアセスメントに役立ちます。特に3次的援助サービスの基盤となる個別の指導計画や個別の教育支援計画は、心理教育的援助サービスにかかわる意思決定の重要な資料になります。さらに、気になる子ども、配慮を要する子どもの支援の記録や課題が、前担任から現担任に、また小学校から中学校に口頭や書面で引き継がれます。その際、援助チームシートなどがあると引き継ぎ資料として便利です。

引き継ぎが、うまくいかない場合があります。まず、引き継ぐ教師が苦戦する子どもへの援助を自然に行っており、引き継ぎの必要性を感じない場合です。この場合は、教育相談コーディネーター等が教師の工夫を聞き取ることが必要です。また、引き継ぎを受ける教師に「白紙で子どもとかかわりたい」という気持ちが強く、引き継ぎを受けることに抵抗がある場合です。この場合は、新鮮な気持ちで子どもとかかわりたいという教師の思いは尊重しつつ、コーディネーション委員会や援助チームの会議に出席してもらい、子どもの状況や援助に関する「事実」を伝えることが必要です。

5 カウフマンの賢いアセスメント

世界的な学校心理学のリーダーである、アラン・カウフマン博士は、心理検査の目的を「予測をくつがえすこと（キル・ザ・プレディクション）」としています。つまり、心理検査の結果「小学2年生のA君は算数の学習に困難があり、特に九九表の記憶は厳しいだろう」という予測が出されたとき、予測どおり九九の学習ができなかったとしたら、アセスメントの意味はないのです。アセスメントの結果で得た「A君の得意な学習様式が同時処理・視覚処理である」ことから、同時的・視覚的な九九表で指導を行うことにより、予測をくつがえし九九の学習成果を上げることです。

カウフマン博士は知能検査の活用において、「賢いアセスメント」の哲学を提唱しています。子どもの知能がどうであるかではなく、援助者が賢くなることにより、子どもへの援助サービスが向上するという意味です（石隈、1999年）。

(1) アセスメントは、子どもの援助のために行われる

観察も心理検査も、子どもの発達や学校生活を援助するための手段です。援助者の関心を満たしたり、不安を解消したりするために行うものではありません。通常、子どもの保護者の勤務先は援助に特に必要な情報ではありませんが、東日本大震災後に福島県から転校してきた子どもの場合、父親の勤務先などの情報がいじめの予防に役立った例もあります。子どもの援助のために、情報の選択と活用がアセスメントの鍵となります。

(2) アセスメントは、子どもとの信頼関係を基盤に行われる

子どもも大人も相手を信頼する程度に応じて、自分に関する情報を提供します。援助においては、「援助者に対する信頼」と「援助者との作業・活動に関する信頼」があります。面談・面接でも心理検査でも、両方の信頼が必須ですが、その度合いが違います。面談・面接では、この人なら話せるという援助者に対する信頼が、相手に自分のことを話す作業の基盤になります。一方、心理検査では、検査を受けるという作業に関する信頼（検査結果が自分の学校生活をよくすることに役立つなど）が得られ、検査者に対する信頼がある程度あれば検査を開始することができます。

(3) アセスメントは、統計的な情報（検査結果の数値）と援助者の現場での勘を統合する

アセスメントの数値による結果（IQなど）は、援助チームで共有しやすい資料です。しかし、教師、保護者、スクールカウンセラーとしての「勘」も、これまでの子どもとのかかわりから生まれているものであり、アセスメントで重要な資料になります。課題は、自分の勘（欠席が続きそうで心配であるなど）を裏付ける事実（子どもとのかかわりにおける以前の出来事、同様のケースの他の事例など）を、言葉にすることです。それにより、援助者の勘をアセスメントの資料の一部にすることについて、援助チームで理解を得ることができます。

(4) アセスメントの結果は、心理学や学校教育の実践や研究成果（エビデンス）によって解釈される

アセスメントの結果をまとめて援助に生かすためには、スクールカウンセリングに関する実践や研究成果（エビデンス）について、研修会、論文・図書などの情報や、教師・スクールカウンセラー・保護者などの情報から、学び続けることが求められます。

以上述べたように、子どもの問題状況に対するアセスメントは、多面的、多角的に行うことが必要です。そして、収集した情報をもとにして仮説を立て、それを確認するように援助（介入）を進めていきます。小さいことでもよいので、援助者ができることから始めましょう。そして、援助の結果のアセスメントに基づいて、効果のある援助は継続し、効果のない援助はやめる判断をする必要があります。

考えてみよう あなたは子どもとかかわるとき、子どものどのようなところを観察しますか。主な点を3つあげてください。

15章

子どものカウンセリング
――面談する力

本章の「カウンセリング」は、子どもの問題解決の援助をめざす「教師やスクールカウンセラーによる直接的なかかわり」を意味します。教師は、学級経営や授業、行事、面談などを通して子どもとかかわります。ここでは、教師の子どもへの面談に焦点をあてて、子どもへのかかわりについて紹介します。

1　子どもとの面談

面接は「目的をもって相手に直接に会うこと」です。応募者に直接会って試問を行う「面接試験」などもありますが、スクールカウンセラーが子どもへの援助サービスとして会うことも「面接」といいます。一方、「面談」は「面会して直接話をすること」であり、「来客と面談する」などのように使われます。つまり、面談は対等な関係で両者が会い、自由に相談するという意味が強いと考えられます。教師が子どもや保護者と会う場面は、「面談」と理解することができます。

2 すべての子どもを対象とした面談——1次的援助サービス、2次的援助サービス

(1) 個別面談

子どもとの個別面談は、教育相談として定期的に行われます。学年最初に、担任や学校の教師が「全員面談」を個別に行うこともあります。個別面談では、「普段子どもが感じていること」「子どもの学校生活（友人関係、学習状況など）でがんばっていること、困っていること」について、子どもから話を聞きます。また、いじめに関するアンケートなどをもとに話をすることもあります。1回の個別面談は時間が限られていますが、いつでも話ができるという気持ちを子どもがもつきっかけになるとよいと思います。日頃から心配していること（遅刻や成績の低下など）があれば、それを取り上げます。「今月遅刻が2回あったようですが、私は心配しています。体調は大丈夫かな」などと聞きます。注意すべきは、説教にならないようにすることです。

教師の個別面談は、相談室などの特定の場所だけで行われるものではありません。特定の時間や場所を設定した面談以外にこそ、学校の面談の意味があるといえます。学校生活には、授業中、休み時間、放課後など子どものようすを観察し、気になる子どもに声をかけられる場面がた

くさんあります。ある中学校では、遅刻をしてきた生徒は職員室にいる自分の学年の教師に遅刻の理由を告げ、その教師が理由を用紙に記入し、生徒はそれをもらって教室に行きます。その際に教師は、生徒の遅刻理由を聞くだけでなく、体調は大丈夫なのか、なにかあったのかなどと質問しながら生徒との関係を保ちます。生徒へのなに気ない声かけも面談の一つです。東日本大震災の後、掃除当番を終えたあとの担任の声かけに、転校してきた中学生は大震災で祖母を亡くした話をしたそうです。なに気ない声かけで、教師がよい聞き手になった例です。

(2) 進路指導としての面談

また、ある中学校では、高校受験の前に、担任教師ではなく校長や教頭などが実際の面接場面を想定して、子どもに「面接指導」を行います。普段あまり接することがない教師との面談は、子どもにとっては相当に緊張する場面でもあります。この場面で、部屋への入り方、挨拶の仕方、着席の仕方などを具体的に教えたり、質問への答え方や生徒の姿勢や態度などについて、アドバイスをします。その後、子どもと進路について話し合うのです。面談を提供する目的は、生徒が自分の面接について振り返り、不安を少なくして受験に臨めるようになることです。子どもたちを励まし、勇気づける援助であるといえます。

(3) 三者面談

三者面談は、子どもと保護者と教師の三者で行われます。小学校では1学期の終わり頃、中学校では2学期の終わり頃に行われることがあるようです。多くの場合は15分か20分ぐらいの短い時間ですが、三者面談は大きな意味をもっています。子どもは「今がんばっていること、困っていること、援助が必要なこと、これからやりたいこと」などについて、保護者は「子どもががんばっていること、心配していること、学校生活について知りたいこと」などについて、教師は「子どもががんばっていること、優れていること、心配していること、期待していること」などについて話します。(27章参照)

中学3年生になると、進学先や進路を決定するために三者面談が行われます。具体的な進路について話し合い、高校や大学に進学するのか、それ以外の進路を選択するのか、どの学校に行きたいのかなどを三者で確認します。進学を希望する生徒には、生徒の学習の状況からどのくらい合格の可能性があるか、どのような学習が必要なのかも確認します。保護者には、進学に必要な入学金や、授業料、奨学金の申請などについての情報を提供することもあります。

3 特別な援助ニーズのある子どもと保護者との面談——3次的援助サービス

(1) 特別な援助ニーズのある子どもとの面談

教師やスクールカウンセラーは、苦戦している当事者である子どもとの面談で、「子どもの希望や願い」を聞きます。子どもによっては、よく知っている担任が話しやすいと思っている場合と、担任ではない教師かスクールカウンセラーのほうが話しやすいと思っている場合がありま す。子どもが話しやすいと思っている援助者が会うことが大切です。

発達障害のある子どもとの面談では、子どもの特性を知ったうえで、「子ども自身がなにをできるか、どうしたいのか、子どもが教師や保護者に望んでいること」を明らかにすることをめざします。面談結果は、個別の指導計画、個別の教育支援計画作成に生かします。子どもの特性に応じて、カードを使ったり、筆記を使ったりして面談します。担任や通級指導教室の教師が、学習指導の際に子どもと話す時間も貴重な面談の機会です。例えば、読み書き障害のある子どもは、「私の人生には楽しいことは一つもない」と作文に書いたことがきっかけとなり、自分の気持ちを教師に話す機会をもてました。子どもの作文は、子どもの気持ちの発信です。

また長期欠席中の子どもとの面談は、家庭訪問、保健室登校、放課後登校などの際に行われます。教師が適応指導教室を訪問して、子どもと話すこともあります。家庭訪問しても子どもに会えないこともありますが、保護者と面談することにも意味があります。子どもの部屋にあげてもらえるなら、それは貴重な機会です。「子どもの世界」に入れてもらえることは、子どもとのかかかわりの重要なステップになります。そのとき、最近していること・今度したいことなど、日常の話が少しできるといいですね。

そしていじめ被害にあっている子どもとの面談は、子どもの安心・安全を第一に考えます。いじめの被害を受けた子どもは、自分にも落ち度があったのではないかと、自分を責めていることがあります。「あなた（いじめ被害者）に責任はない」ことをしっかり伝えることが大事です。

(2) 非行やいじめ加害などの「問題行動」への指導

学校内外での暴力行為やいじめ加害など、学校の規律を著しく乱す行為や刑事事件として扱われるようなことを行う子どもがいます。その場合は、子どもの行動を修正する指導が必要であり、学校や社会への適応という視点から面談が行われます。このような面談では、教師には、事実を正しく把握し、状況を判断することが求められます。そのためには、「いつ、どこで、誰が、なにをしたのか」を整理し、明確にするための聞き方をすることが必要です。そして最終的には、子ども自身が自分のしたことの重大さに気づき、今後の自分の行動を修正することができるようになるための面談にしなくてはなりません。担任教師一人でかかえるのではなく、学年の教師や生徒指導主事、管理職、保護者、スクールカウンセラーなどの協力が必要になります。

(3) 苦戦している子どもの保護者との面談

苦戦している子どもの保護者との面談では、教師は子どもごとに準備する必要があります。掲示物で、保護者が不快に思うものは外すこともあります。例えば、その子どもが休んだ運動会の感想文を掲示している場合は、子どもが参加した行事の写真に貼り替えることもありますし、教室以外の部屋で面談を行うこともあります。保護者面談は、保護者への説教にならないことです。教師のなに気ない言葉が、保護者には「しっかりとしつけをしてください」「家庭学習をしっかりとみてください」と受け取られることがあります。自分の子どもの専門家である保護者の考えも受け入れて、子どもとのかかわりを変えることが教師には求められます。

4 面談のコツ

2種類の質問があります。「閉じられた質問」は、なにか、どこか、誰か、いつかなどを尋ねるもので、限定された答えが返ってきます。はい・いいえで答えられる質問も同様です。一方「開かれた質問」は、どのように、なぜ、などです。面談でも「今どのような気持ちですか」と聞かれると、自分の気持ちを振り返り、自由に答えることができます。しかし、なぜの質問は、「なぜ遅刻したのですか」と責めているようにも聞こえます。「私はあなたのことを心配しています。

なぜ遅刻をしたかの事情を話してくれませんか」というような言い方が適切です。小さい子どもには、開かれた質問には答えにくいことがあります。子ども同士のケンカでは、最初に「なにがあったのか」「どこで起こったのか」などと事実を確認する閉じられた質問をして、その後「どのような気持ちか」などと開かれた質問をするように工夫すると子どもは答えやすくなります。

面談では、相手のほうを向いて、相手の話をよく聞くことです。そして「なるほど」「そうなんだね」などと相槌を打ちながら受け答えすると効果があります。また「繰り返し」「感情の反映」「要約」というカウンセリングの基礎スキルも役立ちます（國分、１９７９年）。まず、相手が発言した言葉や語尾を繰り返すことです。「昨日、お母さんに叱られた」に対して、「お母さんに叱られたんだね」と繰り返すのです。そして次に、「それはつらかったね」というように、相手の感情を返します。そして相手の話をある程度聞いて、いったん「今までのところで、私の理解をまとめていいですか」と要約し、そして「あなたの話はこうですね」あるいは「私はこう受け止めました」と続けましょう。確認するために言葉を返すことで、より適切に話を聞くことができます。

非行傾向のある子どもと話をするのは難しいときがあります。ポイントをあげてみます。

第一に、話に応じない場合です。抵抗している、どう返事をしたらいいか迷っている、質問を聞いていないあるいは意味がわからない、などの理由が考えられます。このようなときは、子どもが質問を理解しているかどうか確認します。「私は今なにを言ったのか教えてください」などと質問してみます。子どもが「別に」などというときは、話に応じない姿勢の表れかもしれないので、表情を見ながら、落ち着いた口調で話をしましょう。

第二に、話をそらすときです。自分にとって都合が悪いことを隠し、叱られることを避けようとするときです。「やっているのは自分だけじゃない、他の人もやっているのになぜ自分だけ指導されるのか、納得できない」などと言うときは、子どもの言い分をきちんと聞いたあとで、「今はあなたのしたことについて話をしているのですよ」などと伝え、話を本筋に戻します。

第三に、「誰にも言わなければ話す」というときです。この言葉は、非行傾向のある子どもだけでなく、いろいろな面談・面接の場面で出ます。面談が始まる前に、「ここでの話は、あなたを支援するために先生たちと共有することがあります。そのときは、なにを伝えるか確認しますね」ということを話しておく必要があります。誰にも言わないと約束をしてしまうと、子どもとの約束を守ることと教職員で情報を共有することとの葛藤が生じ、その後の指導が困難になります。援助する子どもとの守秘義務と援助チームでの報告義務のバランスが、チーム学校にとって重要な課題です。

考えてみよう あなたが子どもと面談・面接したときのことを思い出してください。成功した面談と失敗した面談、それぞれについて述べてください。

16章

コンサルテーション
——互いに相談する力

子どもの学校生活に関する心理教育的アセスメントを基盤として、子どもの援助者である、教師、保護者、スクールカウンセラー、スクールソーシャルワーカーは、互いの強みを生かして互いに相談し合い助け合います。学校心理学は、援助者同士のコンサルテーションを、子どもへの間接的な援助ととらえています。コンサルテーションは子どもの援助に関する作戦会議といえます。

1　コンサルテーションとは

例えば、教師が学級の子どもの援助で苦戦するとき、同僚やスクールカウンセラーに相談します。教師が自分と専門性や役割の異なる人（スクールカウンセラーなど）に相談することは、コンサルテーションです。コンサルテーションを提供するほうをコンサルタント、受けるほうをコンサルティと呼びます。コンサルタントは、自分の専門性・役割に基づいて、子どもに直接かかわるコンサルティが子どもの問題状況を理解し、子どもを援助する過程を援助します。**コンサルテーションの第一の目的は、子どもの問題状況に関して、今回（現在）の援助サービスがよりよく進み、子どもの学校生活の質が向上することです。第二の目的は、援助者（コンサルティ）が援助サービスの力量を向上させ、次回以降（未来）の援助サービスがよりよくなることです。**

学校教育では、コンサルタントとコンサルティは、子どもの課題によって入れ替わるので、「相互コンサルテーション」といいます（石隈・田村，２０１８年）。例えば、スクールカウンセラーは子どもの発達や心理・社会面の問題では教師のコンサルタントになりますが、教師は子どもを学級でどう援助するかについては、スクールカウンセラーに対するコンサルタントになることがあります。保護者は学校で子どもの特性をどう理解するかに関して、教師やスクールカウンセラーのコンサルタントになることができます。養護教諭、特別支援教育担当、教育相談コーディネーターもコンサルタントになります。養護教諭は、心身の健康に関する教育（学校保健）の専門家であり、医療機関との連携もできます。特別支援教育担当や特別支援学校の教師は、障害のある子どもなどへの教育に関する知識や経験を生かして助言できます。また教育相談コーディネーターは、教育相談に関する立場から、援助案を提案できます。

コンサルテーションと似た用語に、カウンセリングとスーパービジョンがあります。狭義のカウンセリングは、クライエントの心の問題（悩み）を扱うため、クライエントは社会的防衛の鎧を外すことになります。コンサルテーションでは、コンサルティの職業上・役割上の困りに焦点をあてるため、コンサルティの鎧や職業上・役割上の誇りを尊重する必要があることが指摘されています（山本、2000年）。またスーパービジョンは、上司や熟達者が部下や新人に対して、指導監督を行うことです。コンサルテーションやカウンセリングにおいては、参加者の対等性が基盤となりますが、スーパービジョンでは上下関係が基盤となります。スクールカウンセラーが教師の子どもとの関係についてコンサルテーションを行っているとき、体罰の可能性があり、教師への指導が必要であると考えた場合は、教師の上司である学校長に対応（スーパービジョン）を依頼します。また子どもへの特別な配慮（「別室登校」など）をするときには、管理職の了解が必要になります。

2　コンサルテーションのステップ

コンサルテーションの進め方の基本は、以下の6つのステップになります（石隈、1999年）。担任教師がスクールカウンセラーのコンサルテーションを受けることを想定して、説明します。

①パートナーとしての協力関係づくり

コンサルタントとコンサルティが互いに信頼して、協力する関係づくりです。例えば、日頃からスクールカウンセラーと担任が一緒に子どもの援助をしていて、よい関係が築かれている場合は、すぐにコンサルテーションが始まります。スクールカウンセラーと教師が初めて相談する場合や互いに苦手意識がある場合は、互いについて知り合うように努める作業が必要となります。

②問題状況の具体的な定義

例えば、スクールカウンセラーが子どもの援助で困っている担任と一緒に援助の対象である小学2年生A君の問題状況について定義するとします。「落ち着きのないA君との対応で困っている」よりも、「A君が算数と国語の授業中離席が多く、口頭で注意をするが改善しないので、どうかかわるか困っている」のほうがより具体的です。

③問題状況の心理教育的アセスメント

問題状況について、スクールカウンセラーと担任が一緒に情報を収集して意味づけします。A君の得意なこと・好きなこと、算数・国語の学習のようす・到達度、離席する場面、また担任のA君への注意のタイミングや方法とその結果などの情報が役立つと思われます。

④目標の設定、問題解決の方針および援助計画作成

例えば、「授業中、A君が算数の学習に取り組み、算数の学力が上がるようにする」というA君に関する目標と、「A君が算数の学習に取り組みやすくなるために、指導の工夫を行う」とい

う担任を含む援助チームのA君への援助方針が共有されます。そして、具体的に担任が行うこと（授業の工夫など）、通級指導教室の教師が担当すること、保護者との連携などが計画されます。

⑤援助計画の実践とモニタリング

援助計画を実践しながら、どう進んでいるかモニタリングします。うまくいかない場合には、心理教育的アセスメントの追加（例えば、小1のときの担任と面談して、A君の授業中のようすの特徴について理解を進める、知的能力の発達特性を把握するために個別式知能検査の実施を教育相談センターで行うなど）や援助計画の修正を行います。

⑥援助の評価、フォローアップ、システム化

A君の授業中の学習がうまくいくようになりコンサルテーションを終結するとき、また学期や学年の終わりには、これまでの援助について、「到達したところ」「できなかったところ」などについて評価します。もちろんコンサルテーション終結後や次年度も、フォローアップの観察と対応は必要です。さらに今回の援助を通してうまくいったところ、例えば、担任が困っているときの通級学級の教師への相談（コンサルテーション）、保護者との連携における援助チームシートの活用などを、次年度以降も学校全体で実践できるように「システム化」します。具体的には、「通級学級の先生との相談タイムの設定」「保護者との面談で使うシート活用」などについて校内共通の方法として教職員会議で決めておくのです。

3 コンサルテーションのポイント

コンサルテーションはどのように進めていったらよいのでしょうか。コンサルテーションのあり方について、A君の担任教師の場合をもとに考えてみましょう。

(1) コンサルティの心の内面には触れない

担任教師の訴えは、算数や国語の授業中A君の離席が多いので、他の子どもの学習の妨害になり授業が計画どおり進まずイライラしているということです。カウンセリングであれば、イライラする担任教師の感情に焦点をあてて、イライラする自分について考え、その解決を図るようにするかもしれませんが、コンサルテーションでは、教師個人の内面的な問題には焦点をあてません。担任教師の観察したA君のようすや、これまでにどのような対応をしてきたかなどを尋ね、A君の問題状況を解決することを課題とします。つまり、教師としての鎧（立場や誇り）を大事にし、教師としてよりよい方法を見出して、教師としての鎧をさらに生かすように働きかけます。

(2) コンサルティのがんばり（行動）を評価する

コンサルタントは、A君が困らないように工夫する、授業を改善する、という担任教師の日々の努力について十分に認め、うまくいっていることを教師にフィードバックすることが大切です。教師としての行動について認められることは、コンサルティがもう一度自分のやり方について考えてみようという意欲につながります。

(3) コンサルティ自らの気づきを大切にする

担任教師が何度注意しても離席を繰り返すA君の行動は、「子どもは教師からの注意には従うべきだ」という教師の価値観とはマッチングしないかもしれません。A君の担任教師は、素直で明るい子がよい子であるという子ども観をもっているようです。このような担任教師の子ども観や信念を変えることが、コンサルテーションの目的ではありません。教師はそれまでの経験に基づいた自分のやり方をもっています。ですから、子どもへの対応がうまくいかない担任教師に対して「あなたの考え方は間違っている」と指摘しても、担任教師は自分が責められているとしか感じません。コンサルティのもっている価値観や信念を大切にしながらコンサルテーションを進めるなかで、コンサルティ自らが子どもとのかかわり方（行動）に気づき、変容するようにしていくことが重要です。そのためには、コンサルティのかかえる職業上の課題、つまり子どもの問題状況へのかかわりに焦点をあてて、援助サービスの改善について考えていくことが重要になります。

コンサルタントと話し合うことで、コンサルティは子どもの行動の見方が変わったり、視野が広くなったりします。例えば、A君が算数や国語の授業で離席を繰り返すのは、A君が算数や国語の授業が理解できない、興味をもてないからではないかという見方ができます。このようなときは、「先生は、どのように算数の授業を進めておられますか、具体的に教えてください」「A君が学習に集中しているのはどのようなときですか」「どのようなとき学習に集中しやすいか、A君に聞いてみてください」などと、コンサルティである担任教師の自己理解を促進する問いかけが、コンサルタントには求められます。また、担任教師がA君だけを見ていると感じられたときには、「なにかA君に刺激を与えている子どもはいませんか」などと尋ねることで、担任教師の視点を「A君の問題行動」から「他の子どもの行動」へ、「A君個人」から「学級全体の子ども」へと広げることもできます。

(4) よいコンサルティになる

よいコンサルティになる経験を積んでください。新任の担任やスクールカウンセラーが自分より年上の保護者と面談を行う場合、緊張することがあります。それは保護者を指導しなければならない、援助しなくてはいけないという思いが強いからだと思います。教師やスクールカウンセラーと保護者が相互にコンサルテーションを行う際、教師やスクールカウンセラーは学校教育に関してはコンサルタントで、保護者がコンサルティになります。そして「自分の子ども」を育てることについては、保護者がコンサルタントになり、教師やスクールカウンセラーがコンサルティになるのです。教職員がよいコンサルティになり、保護者からの援助をよりよく受けることにより、教職員と保護者の連携はよりよく進みます。コンサルティとして重要なことは、子どもの状況に関する情報をコンサルタントと共有する、コンサルタントの助言を取り入れて子どもへの指導支援を変えていくことです。保護者にどんな先生がよい先生ですかと聞くと、「話し合いで子どもへのかかわりが変わる先生」という回答がよく返ってきます。

考えてみよう

あなたは困ったとき誰に相談しますか。相談して助かったこと、相談する者として工夫したことを3つ以上あげてください。

17章

チーム援助
――援助を重ねる力

1 援助チームとは

苦戦する子どもを援助するチームを「援助チーム」といいます。チームによる援助は、「チーム援助」となります。個別の援助チームには、①コア援助チーム、②拡大援助チーム、③ネットワーク型援助チームがあります（石隈・田村、２０１８年）。

①「コア援助チーム」は、教師、保護者、コーディネーター役から構成されます。教師は担任であることが多いですが、通級指導教室の教師、副担任、学年主任などの場合もあります。保護者は母親だけの場合が多いですが、父親、祖父母、また複数の保護者が参加する場合もあります。コーディネーターとしては、養護教諭、特別支援教育コーディネーター、教育相談コーディネーター、生徒指導主事、学年主任、スクールカウンセラー、スクールソーシャルワーカーなどから、１、２名入ります。②「拡大援助チーム」には、コア援助チームに加えて、学年の教師、

部活の教師、コア援助チームでは入っていなかったコーディネーター役、また管理職が入ります。③「ネットワーク型援助チーム」には、医師、児童相談所員など学校外の機関の援助者も入ります。これらのほかに、「本人参加型援助チーム」があります（田村・石隈、２０１７年）。子どもも本人が援助チームのメンバーになることです。子ども・保護者・教師の三者面談は、本人参加型援助チームといえます。

2 個別の援助チームのつくり方・進め方・生かし方

(1) 個別の援助チームのつくり方

援助チームがつくられるのは、子どもの状況から危機感を感じた教師や保護者が立ち上げる場合、コーディネーション委員会（校内委員会、学年会など）で援助チーム形成が提案された場合、すでに援助チームができており担任などのメンバーが変わった場合です。子どもの周りにいる援助者（ヘルパー）は子どもの援助資源であり、その協働による援助チームに子どもは支えられます。

しかし担任教師や保護者を援助チームに誘ったとき、「困っていません」と言われることがあります。担任には「自分の学級の子どもは自分の責任」「自分の学級の子どもの指導に口を出されたくない」などの抵抗や、「多忙な先生方に迷惑をかけたくない」などの遠慮があるかもしれません。一方、保護者には「自分の子どもは問題をもっているはずはない」「自分の子育てや家庭のことを批判されるのは不快だ」「学校はあてにならない」などの抵抗や、「忙しくて学校にいく時間がない」という事情があります。こうした抵抗は子どもや教育への思いからくる自然なものです。担任教師や保護者の気持ちを理解し、抵抗を受け入れながら、援助チームに誘っていくのがよいと思います。

また、ヘルパーをつないで援助チームを形成するためには、日頃から子どもの周囲にいるヘルパーの専門分野・得意分野を把握しておくことです。複合的ヘルパーである教師のなかには、発達障害の子どもの学習援助が上手な教師、非行傾向の子どもとかかわるのが得意な教師、保護者との関係を良好にすることができる教師などがいます。そして、担任やコーディネーターに不足しているものはなにか、自分たちにはできないが他の人ならできることはなにかという視点から、子どもの援助ニーズを満たすヘルパーを見つけます。これは校内に限られたことではなく、児童相談所の担当ケースワーカーなど地域の専門家の仕事についても把握しておくことも大切です。そして、子どもの状況に関して一緒に援助をしてくれるヘルパーと「危機感」を共有することです。例えば、続けて休んでいる子どもやいじめの被害を受けているかもしれない子どもは、「放っておけない」ので援助チームを急いで形成するのです。「子どもが大変です。一緒にやりましょう、お願いします」という声をかけることが必要です。

(2) 個別の援助チームの進め方

ヘルパー同士が協力して援助をする際に最初にしておきたいのが、それぞれのヘルパーの思いや願い（例えば、立派な大人になってほしい）を共有することです。これは援助の目標とも大きくかかわることなので、それぞれのヘルパーがどのようなことを願っているかを理解したうえで、子どもへの援助方針をつくります。これは「遠くにある目標」というべきものであり、援助でめざす方向性を確認することにつながります。またそれぞれのヘルパーが、自分にできることを表明することも重要です。これは、目の前にある問題や課題を解決する「近くにある目標」になります。

援助チームで子どもの援助を行う場合は、援助チームシート、援助資源チェックシートを活用すると便利です。援助チームシートは、子どもの学校生活（学習面、心理・社会面、進路面、健康面）について、「いいところ」「気になるところ」、これまでの援助で「してみたこと」を書き込みます。その情報をまとめて、「この時点での（子どもの到達する）目標と援助方針」を決めます。そして、「何を行うか」「誰が行うか」「いつからいつまで行うか」という援助案を作成するのです。このシートへの書き込みが、援助チームの実際のプロセスになります。（12章参照）

援助チームでは、今できることを中心に援助案を作成して実施していきます。そして子どもの

〔石隈・田村式　援助チームシート（4領域版）より〕

児童生徒　　年　　組　　氏名＿＿＿＿＿＿

実施日時　　年　　月　　日　〜　次回実施日時　　年　　月　　日　〜

出席者	
苦戦していること	

		学習面 ・学習状況 ・学習スタイル ・学力　など	心理・社会面 ・情緒面 ・人間関係 ・ストレス対処スタイル など	進路面 ・得意なことや趣味 ・将来の夢 ・進路希望　など	健康面 ・健康状態 ・身体面での様子 など
情報のまとめ	いいところ （児童生徒の自助資源）				
	気になるところ （援助が必要なところ）				
	してみたこと （今まで行ったあるいは今行っている援助とその結果）				
援助方針	この時点での目標と援助方針				
援助案	これからの援助方針で何を行うか				
	誰が行うか				
	いつからいつまで行うか				

援助チームシート使用にあたっては、下記の書籍等を参考に、適切な使用を学んでください。
石隈利紀・田村節子共著『石隈・田村式援助シートによるチーム援助入門――学校心理学・実践編』（図書文化）
石隈利紀著『学校心理学――教師・スクールカウンセラー・保護者のチームによる心理教育的援助サービス』（誠信書房）

援助チームシート（石隈・田村, 2018年）

変化を見ながら、必要に応じて援助案を修正していくのです。援助チームでは、ここまでの援助でしてみたことを確認しますが、決して担任教師や保護者を責めることはしません。教師の学級経営、保護者の子育てを批判することもしません。苦戦している子どもに対してできることを探し、実践していくのです。つまりチーム援助では、コーディネーターが中心となって、子どもの状況についての情報収集と意味づけ（アセスメント）を行いながら、個別の援助計画や「個別の指導計画」を作成して援助を行います。援助チームが行う援助は、2次的援助サービスである場合から3次的援助サービスを担当する場合まであります。

(3) 個別の援助チームの生かし方

チーム援助を要請するコーディネーター（役の教職員）が一定の役割権限をもつことです。コア援助チーム、拡大援助チーム、ネットワーク型援助チーム、どの場合もコーディネーターが援助チームの形成と促進に重要な役割を果たします。コーディネーター役には、教頭、生徒指導主事、学年主任、特別支援教育コーディネーター、教育相談コーディネーター、養護教諭などがいます。年度初めに、学校長が、コーディネーター、コーディネーターチームを提案し、コーディネーターチームが個別の援助チームやコーディネーション委員会を促進するようにしておくとよいでしょう。

また援助チームを維持し生かすためには、意見の一致や調和だけをめざさないことです。メンバーの多様な意見や持ち味を生かしながら、チームとして子どもにできる援助サービスが豊かになっていくことが重要です。

3 なりかけチーム・にせチーム・ほんものチーム

援助する大人が集まるだけでよいチームになるわけではありません。カッツェンバック（1994年）の「高業績チーム」の研究に基づく、①「なりかけチーム」、②「にせチーム」、③「ほんものチーム」の3種類のチーム（家近、2015年）について説明します。

「なりかけチーム」は、チームとして共有する目的や目標を明確にもたないグループです。なりかけチームでは、子どもに関する考えや情報の交換に終始します。各メンバーが自分の領域（担当する学級・教科・部活、保健室、相談室など）での子どものようすや子どもとのかかわりを報告します。そして、自分の領域での実践を向上させるための話し合いになります。たいていの場合は、「それぞれの実践」が焦点になり、「共同の実践」は生み出されません。言い換えれば、「情報連携」のチームであり、「行動連携」のチームにはなっていないのです。その結果、メンバーの能力の総和がチームの成果となり、個別の実践よりはある程度のプラスで止まります。

「にせチーム」は、チームとしての目的や目標の共有に関心のないチームです。「チーム」と呼

ぶに値しません。にせチームは、それぞれの実践についての「口出し」がきついチームです。一緒にやることのメリットは少なく、他のメンバーと一緒にやることがかえってマイナスになるというチームです。その結果、チームの成果はメンバーの能力の総和より低いものとなります。にせチームの特徴は3つあります。まず責任論です。「子どもが席につかないのは、担任の学級経営が甘いからだ」などです。苦戦する子どもの援助チームでは、担任教師や保護者に批判が集まるときがあります。会議の司会者が「担任の先生も苦労されていますね。では体調について養護教諭の先生、お願いします」など、担任の先生をねぎらいながら、話題を変えるのも一つの方法です。次に一般論・抽象論です。「ＡＤＨＤの子どもは、叱るべきではない」などという一般論です。一般論の押しつけは、援助対象の子どもに対して、具体的な目標を共有し、具体的な援助を考えることを妨害してしまいます。話し合いでは、「ＡＤＨＤのある子どもについての基本の確認、ありがとうございます。では、Ａ君が教室で離席した場合は、どういう言葉がけがよいか、一緒に考えましょう」などと、具体的な話し合いにもっていくことが、チームの司会のコツです。最後に自慢話です。取り上げている出来事（援助の事例など）ではなく、自分のかかわった成功例を話すことがあります。各自の実践の話は、そのメンバーに伝える価値のあるものも多いのですが、会議での話題としては最小限にしたいものです。

「ほんものチーム」は、チームの基本原則を満たしているチームです。チームの成果がメンバ

ーの**能力の総和を超えます**。つまり、明確な目的と目標そしてそれを実践するためのルールをもっている、メンバーが補い合える強さをもって互いに生かし合う、相互に説明責任をもっている、というチームです。ほんものチームの特徴は、子どもに対する共同での援助実践です。学級担任と特別支援教育の教員による授業（TT）、養護教諭と学級担任による心身の健康問題への対応（新型コロナウイルス感染症予防の授業など）、特別支援教育コーディネーター・養護教諭・スクールカウンセラーが共同で行う管理職支援などです。そしてチーム援助の結果については、チームの責任として受け止めます。チームメンバーは、チームが「うまくいっていない」とき、それを素直に受け止め、葛藤を言語化し、共有して、乗り越えるのです。さらに、ほんものチームでは、一人ひとりの子どもの「小さな一歩」、保護者や教職員の「小さな一歩」を見つけ、共有することで、援助サービスの経過を把握しながら、手応えを感じることができるのです。

それぞれの教師やスクールカウンセラーなどの援助者がどれだけよい仕事をするか、ではありません。一人ひとりの子どもがどのような援助を受けられるかが問われているのです。

考えてみよう

これまで参加した会議、チームについて思い出してください。一番よかったものと、一番よくなかったものの特徴を述べてください。

18章

チームワークを成功させる6つの技法とファシリテーション

コミュニケーションには、言語的コミュニケーションと非言語的コミュニケーションがあります。どちらも教職員に必要なスクールカウンセリングの技法であり、考えや気持ちを「聞く」「伝える」「話し合う」力を支えるものです。

パティ・リー氏は、アメリカにおける特別支援教育の経験から、『教師のチームワークを成功させる6つの技法』(誠信書房)で、「教師が生徒相手に発揮しているコミュニケーションスキルを同僚との間でも同じように使いこなせるようになると、協働の基盤ができる」と述べています。具体的には、「話し合いの基本的ルールに合意する」「前もって準備しておく」「さまざまな見方を理解する」「質問する」「人の話を聞く」「明確に話す」の6つの技法が紹介されています(リー、2015年)。チーム援助の会議の場面を想定すると、この6つの技法に「話し合いをファシリテートする」を加えた7つの力が求められます。

1　2種類のコミュニケーション

コミュニケーションの多くは「言葉」を使って行われる「言語的コミュニケーション」です。朝会ったときは、「おはよう」と挨拶をします。また会議では、教師は資料を使って説明したり、質問し答えるというやりとりをします。言語的コミュニケーションは、言葉そのものの受け止め方やイメージが人によって異なるため、理解できたように思えて実は食い違いがあることがあります。この食い違いを起こすのが、一人ひとりの準拠枠（平木、２００４年）です。つまり、言葉は「その人の経験や文化的な意味」などをもっているため、送り手と受け手によって言葉の意味することが必ずしも一致するとは限らないのです。相手の話を聞くときには、相手の準拠枠をきちんと受け止めているかを確認しながら進めます。

言葉以外によって行われるコミュニケーションが、「非言語的コミュニケーション」です。非言語的コミュニケーションには、見ることで理解できる表情や持ち物などがあります。また、声の大きさや震えなど、聞くことでわかるものもあります。そのほか、会議の時間にあえて遅れる、沈黙するなども非言語的コミュニケーションの一つです。このようなコミュニケーションに注目できると、会議中にずっと眠っていたりするのは、心身共に疲れていることも考えられますが、会議に参加することに抵抗がある場合もあることがわかります。このように非言語的コミュニケーションには、隠されたメッセージが含まれていることもあることに注意しておくと、相手の行動についての理解が深まります。

2　面談や話し合いの前提

(1) 話し合いの基本的ルールに合意する（技法1）

話し合いの展開を予測し、効果的なコミュニケーションを進めるためには、「基本的なルール」に合意しておくことです。子ども・保護者・担任の三者面談では、「子どもが教師・保護者になにを期待しているかを聞く」「子どものよい点を一つはほめる」「担任は子どもや保護者に説教しない」などが基本的ルールです。また教師・スクールカウンセラーと子どもの個別の面談では、「小さな秘密は守るけれど、大きな秘密（いじめなど命の安全にかかわること）は守れないかもしれない」「私一人ではあなたを守ることができないので、他の人に応援を頼むことがある」などと伝えておくことがルールです。そして話し合いで、参加者がどんな発言をするか、それにどう対応するか予測しておくことも大事です。

(2) 前もって準備する（技法２）

まず、話し合いに最適な場所と座席配置について検討しておきます。また、使用する資料は前もって準備しておきます。参加者が読んで理解できる内容であること、人を傷つけない表現であることを確認しておきます。そして参加者の期待や懸念事項をもとに、話し合いの流れを決めておきます。

(3) さまざまなものの見方を理解する（技法３）

話し合いでは、自分とは異なる見方をする人の言うことに注意深く耳を傾けます。子どもも大人も多様な文化をもっています。自分の文化のものさしで「正しい・正しくない」と決めつけるのはやめましょう。「個性的な格好」をして学校にきた保護者に「学校にはふさわしくない」と怒るよりは、「それもあるな」「おもしろい」と感じるほうが楽しいものです。

3　話を聞く、明確に話す

(1) 質問する（技法４）

話し手が述べていることに関心を示して質問する方法や、相手に脅威を与えない質問の仕方を見つけることをすすめます。相手の話で関心をもったことや問題解決につながりそうなことについて、「その点に関心があります。もう少しお話ししていただけますか」などと聞くのです。相手の立場や経験を生かして、より多くの情報を求めることです。技法としては、「開かれた質問」の仕方を学ぶとよいでしょう（15章参照）。上手に質問をすることのメリットは、相手をサポートしているという意思を伝えたり、相手のサポートを得る手段になることです。

(2) 人の話を聞く（技法5）

話し合いでは、話すことと同じかそれ以上に聞くことにエネルギーを費やすことになります。相手のほうを向き、うなずきながら、相手の言葉を理解するよう意識的に努力します。相手のメッセージの意図や目的を理解することが大事です。話す声が大きくなるなど、非言語的なコミュニケーションにも注意を払いましょう。そして、「相手の話にどのように答えるか」ばかりにとらわれずにきちんと聞くことです。人は聞きたいことだけを聞く傾向がありますが、聞くことをえり好みしないようにしましょう。また、話し合いで、聞くことを妨げていることはなにかを検討しておくことをすすめます。話し合いの時間が少なすぎて進行が急がされている、逆に話し合いの時間が長すぎて集中力が落ちている、「報告」ばかりで話し合いに参加する気持ちが低い、などが要因として考えられます。

（3）明確に話す（技法6）

基本は「相手も一人の人間、私も一人の人間。それぞれ考え方は違う」ということであり、「私は自分の意見を伝える。それに賛成するかどうかはあなたの自由である」という姿勢です。そして、意図していることがきちんと相手に伝わるようなメッセージを送ることです。

第一に、事実を述べるときは、「記録によれば」「学級での私の観察では」などと情報源をつけると伝わりやすくなります。第二に、自分の意見や思いを言うときは、「私はこう思う」という言い方が有用です。その際、相手を傷つけない配慮が必要です。特に相手に反対意見を述べるときは、相手の意見の一部に賛成でないのであり、相手の存在すべてを否定しているのではないことを明確にします。したがって、相手の意見について「同意するところ」を述べたあと、「反対するところ」を述べるといいでしょう。また自由な話し合い（ブレーンストーミング）では、「しかし」より「そして」という言葉を使うほうが適切です。第三に、限られた時間で自分の考えを伝えるためには、結論を最初に話すことや、論理的に話すことが鍵になります。話すポイントを整理しておいて、論理的に伝わるかどうか確認しておくことです。もちろん、持ち時間を意識することも重要です。第四に、自分の声の大きさ・トーン、話すペースについて、話し合いの相手からフィードバックをもらうと自分の話し方の改善に役立ちます。

4　話し合いをファシリテートする

ファシリテーションとは、集団による問題解決、アイディア創造、合意形成などの知的創造活動を支援し促進していく働きです（堀、２０１８年）。ファシリテーションを行う人をファシリテーターと呼びます。個別の援助チームやコーディネーション委員会など、チーム援助の会議などでは、ファシリテーターが必要です。ファシリテーターの役割は、会議の責任者がなる「議長」ではなく、またシナリオのある報告会や儀式をしきる「司会」でもなく、「進行役」といったところでしょうか。

援助チームなどの話し合いのファシリテーターは、話し合いの目的を明確にして、穏やかな雰囲気を維持しながら、自由な発言を促します。そして時間を管理しながら、タイムリーに話の内容を整理します。最後に、合意を得ることをめざします。つまり検討事項に優先順位をつけながら、情報の確認から具体的な行動案の作成に向かって流れるようにしていきます。

ファシリテーターの具体的な役割をあげてみます。

Ａ　**穏やかな雰囲気づくり**――楽しい自己紹介が必要です。「私はチョコレートが好きな石隈です」など自分の興味関心を開示する方法もあります。また、メンバーを攻撃する発言を止める・緩和するなどして、メンバーを傷つけることを避けなくてはいけません。特に保護者や担任教師への批判には要注意です。話し合いを通してユーモアが役立ちます。

B **自由な発言の促進**――援助案を出すときはブレーンストーミングが有用です。若い教職員や発言の不得手なメンバーが発言しやすいような工夫（上手に発言を求めるなど）が必要です。

C **効率的な時間の管理**――資料を準備し、話し合いの題目をあげ優先順位をつけておきます。重要事項に使う時間を決めておいたり、一人の発言時間を制限したりするのも効果的です。

D **話す内容の整理**――タイムリーに意見・論点を整理します。その際、自分の意見の追加は最小限にします。ただ論点がズレているときは、話し合いの目的にそった方向に修正します。

E **援助の目標・方針、計画の合意**――チーム援助の話し合いでは、援助の実践に関してとりあえずの目標と方針について合意を得ます。そして具体的な計画をつくるのです。ファシリテーターにとって経験のない内容に関しては、援助方針などについてまとめることは困難になります。話し合いの内容に関する専門家（スクールソーシャルワーカー、特別支援学校のコーディネーターなど）に前もって相談しておくか、話し合いに参加してもらうことをすすめます。

考えてみよう

あなたの聞く力・話す力について考えてみてください。そして、聞く力・話す力で改善したいことをあげてください。

子どもの苦戦に応じて

19章 不登校の理解と援助
——子どもの多様な学びを支える「学校生活」

1 「不登校」とは

「不登校」という言葉が学校教育において長く使われてきたせいか、私たちは不登校という言葉に慣れてしまっているのではないでしょうか。その結果、不登校の状態にある子どもをひと括りにとらえ、不登校の多様性を理解する力が弱くなっているかもしれません。「不登校の状態」にいる子どもたちは、それぞれ学び、成長しているのです。不登校の子ども一人ひとりに個別の指導計画に基づく、3次的援助サービスも含めた包括的な援助が期待されています。チーム学校として、地域コミュニティとして、大人が子どもの多様な学びと育ちを支えるためにできることを考えたいと思います。その鍵は、安全で個に応じた指導援助のできる学校教育、そして、適応指導教室（教育支援センター）、フリースクール、家庭など、子どもにとって学び続けることのできる場所の活用です（文部科学省、2019年）。

文部科学省は「長期欠席」と「不登校」を定義しています。その年度内に30日以上欠席した場合、「長期欠席」となります。長期欠席のなかで、不登校の子どもを「何らかの心理的、情緒的、身体的、あるいは社会的要因・背景により、児童生徒が登校しないあるいはしたくともできない状況にある者（ただし、「病気」や「経済的理由」による者を除く。）」（「令和元年度　児童生徒の問題行動・不登校等生徒指導上の諸課題に関する調査結果について」）と定義しています。

不登校は「登校拒否」といわれていたことがあります。子ども自身や家族に問題や病理があるように聞こえるため、学校を休む子どもや家族をさらに苦しめることにもなりました。また、不登校は中学1年生で増えることから、思春期の問題であり、人間関係にかかわる心理的な問題としてとらえられてきました。今日の教育行政では、不登校は誰にでも起こりうる生徒指導上の問題としてとらえられています。そして、2017年には「義務教育の段階における普通教育に相当する教育の機会の確保等に関する法律」（教育機会確保法）が完全施行されました。すべての子どもの豊かな学校生活を支援するとともに、「学校以外の場で行う多様で適切な学習活動」を支援することをめざしています。不登校の子どもたちの「休養の必要性」が認められるとともに、学校での適切な援助に加えて、適応指導教室やフリースクールなどの民間施設を含めた「学校以外の教育の場」が、多様な子どもの社会的自立のために必要であることが指摘されています。

さて、多様な不登校をどう理解したらよいのでしょうか。不登校は「学校との折り合いが悪い状態」としてとらえることができます。例えば、発達障害により学校生活の困難が大きくなり不登校になる場合もあります。また、「学校と距離をおいている状態」ととらえる場合もあります。いじめを受けた子どもや休養を必要とする子どもは、学校から距離をおいて自分を守るのです（奥地、２０１５年）。さらに関連して「長期欠席」には、家庭に事情がある場合、保護者が教育に無関心で児童虐待が疑われるケースもあります。

2　子どもと場（学級・学校）の折り合いの援助

不登校状態の子どもへの援助サービスについて、「子どもと場の折り合い論」（田上、１９９９年）が参考になります。子どもと場（環境）との折り合いがよいポイントは、①人とよい関係がある、②楽しい経験をしている、③価値があることを達成できている、の3点です。折り合い論は、子どもの苦戦について、子どもが悪い、あるいは学校が悪いと決めつけることなく、子どもと環境の折り合いから、子どもの状態を把握し援助する第一歩になります。

(1) 人間関係の維持回復を援助する

子どもは、学級・学校でなんらかの人間関係がもてると「場」との折り合いがつけやすくなります。それが友達の場合もあれば、教師の場合もあります。例えば、小学6年生のA子は、インフルエンザで1週間ほど学校を休みました。元気になって登校すると仲のよいB子が他の友達と一緒に遊んでいて、A子は無視されているように感じました。帰宅したA子は、すっかり元気をなくしてしまい、翌日から学校を休むようになりました。このようなとき、教師はB子に「A子と一緒に遊んでほしい」と伝えるかもしれませんし、A子に「先生がついているから大丈夫だ」とか、「他の友達をつくってごらん」と言うかもしれません。子どもにとって、友達との空間は学級の中での「居場所」です。その居場所がなくなることが、子どもにとってはどれほど重要であるかを忘れずにいることが大切です。

(2) 子どもが楽しい場面を増やす

子どもにとって緊張する場面が連続するとき、学校生活での苦戦が大きくなります。緊張しすぎない、楽しめる場面が増えることが、子どもと場の折り合いを促進します。例えば、中学1年生のC子は、2学期に入るとしばらくして学校に行かなくなりました。運動会の練習など、集団が苦手なC子の緊張場面が増えたことも要因と思われます。心配した担任教師が迎えに行くのですが、ふとんから出てこようとしませんでした。2学期の終わりにお楽しみ会がありました。C子が好きな調理実習を兼ねていたので、担任教師と家庭科の教師が相談してC子を誘ってみました。グループにはC子にやさしく接してくれる友達を入れて準備もしました。お楽しみ会当日、C子が登校して学級の中に入りました。子どもの好きな教科や行事などがきっかけになり、登校することがあります。学校生活への参加を促すときには、授業や行事でどんなことをするかについて前もって話すなど、できるだけ子どもの緊張や不安を軽くすることが大切です。

(3) 自分のしていることの価値・意味を見つける援助をする

子どもは、学校で行っている活動に価値を見出すとき、場（環境）との折り合いがつくようになります。例えば、中学3年生のD男は、友人とのトラブルをきっかけに登校しなくなりました。担任教師が友人と話をしてトラブルは解決したのですが、D男は登校しようとしませんでした。高校受験を控えているため、保護者は家庭教師を頼むことをD男に提案してみましたが、やる気が出ないとのことでした。担任教師が家庭訪問をして、D男の話を聞くと、高校には行きたいけれど学校には行きたくないこと、勉強はしないといけないことはわかっていてもなにをしてよいかわからないこと、具体的に行きたい高校があること、などを聞くことができました。そこで、担任教師はD男が希望の高校に行くための具体的な進路情報を伝え、家庭での学習についての計画を立てました。するとD男は家庭での学習を始め、家庭教師にも来てもらうことになり、また登校する日も増えてきました。子どもが自分の進路や将来を考えることは、自分のしていることの意味につながります。学習することの意味が見えると、子どもは自分の力を出しはじめます。

3 長期にわたる不登校の子どもの「学校生活」の援助

不登校の状態にある子どもへの援助チームの主役は、子ども自身です。本人参加型の援助チームが、子どもの成長の鍵を握ります。「登校しぶり」の場合も長期にわたる不登校の場合も、どうしたら休まなくなるのかではなく、どのように「学校生活」を送っていくか、どう学び続けるか、というキャリアの課題の援助が大切になります。保護者、教師、スクールカウンセラーが、子どもの意思、子どもの状態と特性を理解して、どう援助できるかを考えます。その際、「援助チームシート」が役立ちます。子どもだけでは、学校生活をどうするかについて判断するのは難しいことが多いのです。学校に行くかどうかあなたが決めなさいではなく、どう学び続けるかは大きな問題だから一緒に考えようという姿勢がよいと思います。（27章参照）

また児童福祉の視点からは、欠席している子どものことを「在宅児童生徒」と呼ぶことがあります（鈴木、２００２年）。「在宅」ですから、教育の対象だけでなく、保健医療や福祉の対象にもなります。つまり、長期欠席中の子どもへの援助については、どう学校に戻すかではなく、子どもの心身の健康や成長を守るために、学校・家庭・地域（広義のチーム学校）としてなにができるかが問われています。例えば、保健師が子どもの心身の健康維持のために家庭訪問したり、福祉の観点から弁当を届けたりするサービスが考えられます。そのなかで、学校は教育サービスの専門性から、子どもと保護者の援助を行うのです。保護者の子どもの教育に関する不安を受け止め、子どもとのかかわりについて一緒に考えていくことが求められます。

長期欠席が続く子どもに関して計画的に行う援助サービスとしては、家庭にいる子どもの生活が楽しいものになり希望がもてる段階から、地域の適応指導教室やフリースクールを活用する段階まであります。適応指導教室は、児童生徒の「学校生活」への復帰を支援し、社会的自立に資するよう運営している教室で、市町村の公的な施設に部屋を用意し、そこで集団生活の適応や情緒の安定、基礎学力の補充、基本的生活習慣の改善を図ります（文部科学省、２０１９年）。本籍校の担任、保護者、適応指導教室担当者（教室職員や相談員）の連携が、子どもの成長の鍵を握ります。またフリースクールは、不登校の子どもに居場所を提供するとともに自立に向かう成長を支援する教育施設であり、保護者同士の自助会の機能もあります。さらにコロナ禍で進んだＧＩＧＡスクール構想により、タブレットやノートパソコン等による家庭学習を援助することもできるようになります。

郵便はがき

料金受取人払郵便

河内郵便局
承認
373

差出有効期間
2022年10月
20日まで

(期間後は
切手を
お貼り下さい)

東大阪市川田3丁目1番27号

株式会社 創元社 通信販売係

創元社愛読者アンケート

今回お買いあげ
いただいた本

[ご感想]

本書を何でお知りになりましたか(新聞・雑誌名もお書きください)

1. 書店　2. 広告(　　　　　　　　)　3. 書評(　　　　　　　　)　4. Web

5. その他

◉この注文書にて最寄の書店へお申し込み下さい。

書籍注文書

書名	冊数

◉書店ご不便の場合は直接御送本も致します。

代金は書籍到着後、郵便局もしくはコンビニエンスストアにてお支払い下さい。（振込用紙同封）購入金額が3,000円未満の場合は、送料一律360円をご負担下さい。3,000円以上の場合は送料は無料です。

※購入金額が1万円以上になりますと代金引換宅急便となります。ご了承下さい。（下記に記入）

希望配達日時

【　　月　　日 午前・午後　14-16 ・ 16-18 ・ 18-20 ・ 19-21】

（投函からお手元に届くまで７日程かかります）

※購入金額が1万円未満の方で代金引換もしくは宅急便を希望される方はご連絡下さい。

通信販売係　Tel 072-966-4761　Fax 072-960-2392
Eメール tsuhan@sogensha.com
※ホームページでのご注文も承ります。

〈太枠内は必ずご記入下さい。（電話番号も必ずご記入下さい。）〉

お名前	フリガナ	歳 / 男・女
ご住所	フリガナ 〒□□□-□□□□ E-mail: TEL　　－　　－	

メルマガ会員募集中!

お申込みはこちら

※ご記入いただいた個人情報につきましては、弊社からお客様へのご案内以外の用途には使用致しません。

適応指導教室やフリースクールなどの地域の「学校」も含めて、「チーム学校」として、子どもの成長を継続して援助することが重要です。教師やスクールカウンセラーが地域の「学校」を訪問して、子どもを育てるネットワークをつくることをすすめます。

4 保護者や教師の援助

保護者は、子どもが学校を休むようになると自分の子育ての失敗ととらえ、自分を責めることがあります。保護者にとって子育ての失敗は、自分の人生の失敗であるととらえることもあるのです。一方、学級担任は自分のかかわりが不適切だったから子どもが不登校になったのではないか、自分の学級から不登校の子どもを出してしまったと自分を責めることがあります。保護者や教師が子どもへのかかわりを振り返ることは、望ましいことです。しかし、子どもの不登校を自分だけの責任とすることは、子どもにできる援助を少なくしてしまいます。不登校にはさまざまな要因が関係しますし、子どもがいま学校を休んでいることには、事情があり意味があるのです。それを子どもと一緒に理解して、子どもの状態や特性に合わせて、学校・家庭・地域の援助資源から使えるものはなんでも使って子どもの学習の継続を援助することです。

子どもの欠席が長く続くと、保護者の心配や疲弊は大きくなります。学校教育で提供している

「学校生活（日課）による心身の健康の維持」「教師や友人による支援」など1次的援助サービスの大部分が、家庭の負担になります。新型コロナウイルス感染症拡大により学校が休校になったときには、多くの保護者が子どもの教育を自宅で援助するという大変な課題に取り組みました。欠席している子どもの気持ちを理解するのは難しい課題でもあります。だからこそ保護者や教師が、不登校の経験者やその保護者と話し、子どもの将来について考えることをすすめます。各地域にある不登校の子どもの「親の会」が、頼りになります。また、適応指導教室やフリースクールのスタッフ、スクールカウンセラーなどと相談することも子どもの理解に役立ちます。

教師として気をつけたいのは、欠席中の子どもの保護者に学校でプリントなどを渡すときです。渡すプリント類は、子どもと保護者にこれから役立つものだけを選択します。すでに終わってしまった行事、宿題のプリントなどは、保護者をより不安にすることがあるので注意します。

不登校の状態にある子どもの、多様な学びを保障する多様な「学校生活」を、チーム学校そして家庭・地域の連携で支えたいと思います。子どもの進路・キャリア面も含めた包括的な援助が求められているのです。

考えてみよう

「不登校」の子どもへのかかわりについて考えてみてください。今の立場であなたが、不登校の状態の子どもにできる援助を3つ以上あげてください。

20章

いじめの理解と援助
——子どもの安全を保障する

1　いじめの定義といじめ防止対策推進法

ノルウェーのいじめ防止の推進者オルウェーズは、①力のアンバランス、②意図性、③反復性、という3点をいじめの特徴としています（オルウェーズ、1995年）。したがって、対等な人間関係で攻撃し合い、優劣が明確になれば終わる「ケンカ」はいじめとは異なります。ただ現実的には、ケンカといじめの線引きをするのは難しいことです。

2013年のいじめ防止対策推進法では、いじめは被害を受けた児童生徒の教育を受ける権利を著しく侵害し、心身の健全な成長と人格の形成に重大な影響を与え、生命・身体に重大な危険を与えるものとしています。同法第2条で、「いじめ」が定義され、それに基づいて調査が行われるようになりました。いじめとは、「①児童等に対して、当該児童等が在籍する学校に在籍している等当該児童等と**一定の人的関係にある他の児童等が行う**、②**心理的又は物理的な影響を与**

える行為（インターネットを通じて行われるものを含む。）であって、③当該行為の対象となった**児童等が心身の苦痛を感じているもの**をいう」（番号と太字は筆者）と定義されています。つまり③でいじめを受けた被害者の心身の苦痛に焦点をあてて被害者救済をめざしながら、①②で「他の児童等が行う行為」としていじめを行った「加害者」にも焦点をあてています。いじめ防止対策推進法では、教師など大人による「いじめ認知」を促進して、いじめを解消し、被害者を救済すること、さらにいじめの発生を防止することをめざしています。

また、「いじめの解消」について、①いじめにかかわる行為が少なくても3カ月以上止んでいること、②被害児童生徒が心身の苦痛を感じていないことを面談によって確認している場合、としています。責任をもっていじめに対応するためには、いじめ防止対策推進法をしっかりと学ぶことが大切です。そして、いじめのように見える状況で子どもが困っていたら、法律的にいじめかどうかは別として、まずはかかわることです。

2　いじめの構造といじめによる影響

日本の学校のいじめの実態としては、冷やかし、からかい、悪口、脅し文句（言葉による暴力）、軽くぶつかる・たたくこと（軽度の暴力）、そして仲間外れ、集団による無視（人間関係によるもの）などがあります。さらに、インターネットを通じて行われるいじめもあります。

いじめに関する日本の代表的な理論としては、「いじめの4層構造論」（森田・清水、1986年）があります。この理論では、いじめを集団の病理としてとらえます。そして、いじめは「加害者」と「被害者」の関係だけでなく、いじめが起こっている周囲にいて、なにが起こっているのかを知っていてはやし立てたり、おもしろがって見ている「観衆」や、知っていても知らないふりをする「傍観者」の存在による4層の構造をもち、観衆や傍観者によって抑止されたり、促進されたりするという理論です。今日では、短期間のうちにいじめの被害者と加害者の両方を経験する子ども（「加害・被害者」）がいて、援助ニーズが高いと指摘されています（濱口、2019年）。

いじめ被害は、子どもの心理に否定的な影響を与えます。例えば、「学校に行きたくなくなった」「死にたいほどつらい」などの感情、睡眠障害や集中力の低下、心理的ストレス反応の増加、自尊感情の低下、特性不安や抑うつ感の増加です。いじめの経験により、人間的に成長した、がまん強くなったという報告もあります（香取、1999年）。いじめの経験による成長は、いじめについてSOSを出すことで他者の援助を受けながら対応してきたことと関係すると思われます。

3　いじめへの対応援助

いじめに対応し援助する際の姿勢は、いじめた子ども、いじめられた子ども、それを知っている子ども、すべての子どもの成長にとって、将来的な展望をもった教育的なものでなければならないということです。いじめを根絶することは難しいですが、からかいやふざけといじめは違うという視点で教師ら大人がいじめを見つけることで、重大な事態になることを防ぐことができます。

(1) いじめに関する予防教育・予防的対応（1次的援助サービス）

学校で行われるいじめの予防的対応で参考になるものに、ノルウェーの「オルウェーズいじめ防止プログラム」があります。ノルウェーでは、1980年代初頭に起こった子どもの自殺事件をきっかけに、ノルウェー教育省主導でいじめ防止の全国的な取り組みがとられたのです（オルウェーズ、1995年）。

プログラムは次のようなものです。まず学校レベルでは、道徳等でのいじめ理解教育、いじめ対策の校則づくりなどを行います。いじめに関するアンケート調査も行い、いじめに関する子どもの自覚を高めます。次に学級レベルでは、公平な学級づくり、学級会でのいじめ防止のルールづくり、保護者との研修会などを行います。そして個人レベルでは、他者への共感性を高めるピアサポート・プログラム、SOSを発信する力を高めるプログラムなどがあります。さらに地域社会レベルでは、地域住民による支援（例えば、休み時間の監督）などがあります。

いじめ予防では、いじめに関する啓発や学級づくりへの子どもの参加の促進が鍵となります。保護者には、リラックスする場の提供、SOSが出せる家族の関係づくりなどが求められます。そしてスクールカウンセラーには、いじめ予防に関して管理職や学級担任にコンサルテーションを行う役割があります。いじめの問題が発生したり、その対応がうまくいくかどうかは、安全で安心できる、公平な学校づくり・地域づくりにかかっているといえます。子どものいじめの予防と対応は、大人の責任です。

(2) いじめの発見とタイムリーな介入（2次的援助サービス）

いじめ防止対策推進法の施行に伴い、小・中学校では年に2〜3回程度、いじめに関するアンケートを実施していじめの発見に努めています。しかし、このような学校の努力にもかかわらず、発見しにくいいじめがあります。第一に、遊びの中にいじめが隠れている場合です。例えば、数人が特定の子どもの名前を意味もなく何度も呼ぶ、ジャンケンをして勝った人が負けた人の肩を殴るというゲームなどです。第二に、いじめられている子どもが「苦痛を感じている」ことが「いじめ」の認知として重要なのですが、被害者である子どもも「気にしていない」「遊びだから」などと言うため、いじめであると判断することに迷うことがあります。このような場合、いじめられている子どもがさらにいじめがひどくなることを恐れて大人に対してサインを出さなかったり、いじめられているみじめな自分を保護者や教師などに見せたくないと思ったりすると考えられます。第三に、一見なにも起こっていないように見える静かないじめ（無視、仲間はずれなど）もあります。このような人間関係を利用した「関係性攻撃」（濱口、2019年）は、一人で行う場合もありますが、集団の力を使うことが多いのです。被害者がそこに存在していないかのようにされることで、被害者は苦痛を感じるものです。

2013年の「いじめの防止等のための基本的な方針」（文部科学省）が、2017年に改定されました。いじめの認知に関しては、いじめやふざけ合いであっても、見えないところで被害が発生している場合もあるため、背景にある事情の調査を行い、児童生徒の感じる被害性に着目し、いじめに該当するか否かを判断するものとする、とされました。そして、いじめ防止基本方針に関しては、学校評価において、学校におけるいじめ防止等のための取り組み実施状況（アンケート、個人面談、校内研修等の実施状況）を評価項目に位置づけることを規定しました。さらに特に配慮が必要な子どもとして、発達障害を含む障害のある子ども、海外から帰国した子どもや外国人の子ども、国際結婚の保護者をもつなど外国につながりのある子ども、性同一性障害や性的指向・性自認（ＬＧＢＴなど）にかかわる子ども、東日本大震災により被災した子どもまたは原子力発電所事故により避難している子どもが明記されました。この基本的な方針は、チーム学校でスクールカウンセリングの視点からいじめの予防と対策（２次的援助サービス）を行ううえでの指針になります。

いじめ被害のリスクのある子どもを発見し、適切な指導ができるのは学校であり、教師です。教師は、子どもと同じ場所で同じ時間を過ごすなかで、学級や子どもの雰囲気を読みとる力をもつことが必要です。いじめがあるのではないかと感じた場合、まず、いじめられている子どもやいじめに気づいていているがなにもできないでいる子どもから情報を得て、事実を確認することです。

ＳＯＳの発信が弱い子どももいます。子どもが嫌なことをされているときや、つらそうな表情をしているときは「どうしたの」と聞くことです。子どもは「大丈夫」と答えるかもしれませんが、また機会を見つけて「どうしたの」と聞くのです。「どうしたの」は何度も聞くことが大切です。子どものＳＯＳを受信する力を、周りにいる教師、保護者、スクールカウンセラーが高めることです。

(3) いじめの事後的対応(3次的援助サービス)

いじめの事後的対応としては、いじめ対策委員会による緊急の介入が求められます。いじめ防止対策推進法は、国、地方公共団体および学校に対して、組織的対策をとるように示していま す。まず、①学校の教職員、保護者等が、児童生徒からいじめの相談を受け、いじめがあると判断した場合には、児童生徒が在籍する学校に通報します。②学校はいじめに関する事実確認を行います。③いじめが確認された場合は、スクールカウンセラーやスクールソーシャルワーカーの協力を得て、教職員のチームで対応します。対応の内容は、いじめ被害者とその家族への支援と、いじめ「加害者」への指導とその保護者への助言です。「加害者」の特定は難しいのですが「加害者」の援助ニーズも見逃してはならないのです。

いじめの重大事態は、①生命心身財産重大事態(いじめにより児童等の生命、心身または財産に重大な被害が生じた疑いがあるとき)、②不登校重大事態(いじめにより児童等が相当の期間学校を欠席することを余儀なくされている疑いがあるとき)とされています。そして、事実関係が確定した段階で重大事態としての対応を開始するのではなく、「疑い」が生じた段階で調査を開始しなければならないことが示されています。調査の結果、重大事態が確認されたときは、校長と教員は教育上必要であれば、いじめ「加害者」に懲戒を加えることができます。また、市町村の教育委員会は、「加害児童生徒」の保護者に対して加害児童生徒の出席停止を命じ、被害児童生徒・その他の児童生徒が安心して教育を受けられるよう必要な措置を講じることと定められています。いじめの被害者を救済することが最も重要ですが、いじめの「加害者」についても、いじめ加害の背景にある子どもの援助ニーズを理解して、適切な指導・援助を行う必要があります。学校はすべての子どもを援助する責任をもつのです。

(4) 保護者を支える

いじめ被害を受けている子どものつらさ、悲しさ、恥ずかしさは、想像を超えるものです。同時にわが子がいじめられているときの保護者の気持ちは、悔しさ、怒り、悲しみであり、子ども以上のつらさではないかと思えることもあります。いじめの対応において、保護者の気持ちを理解し、支援することが欠かせません。そしていじめの調査を行う場合は、調査を担当する管理職や教職員とは別に、スクールカウンセラーや教育センターの相談員などが、被害者の保護者担当として速やかに保護者の援助を始めることが必要です。

考えてみよう

「いじめ」被害者の子どもとその保護者の気持ちを想像してみてください。そして、子どもの気持ち、保護者の気持ちについて思いつくことを、それぞれ3つ以上あげてください。

21章

非行の理解と援助
——子どもが成長する機会を生かす

子どもが「非行」にかかわったとき、保護者や教師、警察などと密度の濃い時間を過ごします。その過程で、「非行少年」は現実を直視することを迫られますし、自分の環境について理解してもらえる可能性もあります。つまり、「非行」として注目され援助指導を受けることは、子どもが成長する機会でもあるのです。

1　どのような少年が非行少年か

非行とは、一般的に、社会規範から逸脱する行為をさします。しかし、非行という言葉は多様な意味で用いられることが多いのが実状です。問題行動が非行であるのかそうでないのかという非行の定義を知り、そのうえで非行少年への援助や対応を行うことが必要になります。非行少年の定義には、少年法と児童福祉法が関係します。少年法では20歳未満を少年とし、児童福祉法では18歳未満を児童としています。

(1) 少年法の対象となる非行少年

少年法は、非行のある少年に対して性格の矯正と環境の調整に関する保護処分、および少年の刑事事件について特別の措置を行うと定めています。そして、非行少年を「犯罪少年」「触法少年」「ぐ犯少年」とに分けています。

- 犯罪少年――刑事責任年齢である14歳以上20歳未満で、罪を犯した少年。
- 触法少年――14歳未満で犯罪少年と同じ行為（刑罰法令に触れる行為）をした少年。
- ぐ犯少年――20歳未満の少年で、このまま放置すれば将来罪を犯し、または刑罰法令に触れる行為をするおそれがあると認められる少年。例えば、保護者の正当な監督に服さない、正当な理由なく家庭によりつかない、犯罪性のある人や不道徳な人と交際する、いかがわしい場所に出入りするなど。

なお「少年法等の一部を改正する法律」（2021年）により、2022年4月から、犯罪少年のうち18歳・19歳は「特定少年」となり、成人と同様の刑事手続きを経る検察官送致の対象となる可能性が高くなります。

(2) 児童福祉法の対象となる非行のある少年

児童福祉法では、社会的養護の視点から、保護者の適切な養育を受けられない子どもを、公的責任で社会的に保護養育するとともに、養育に困難をかかえる家庭への支援を行うものとしています。この社会的養護が必要な児童には非行少年が含まれ、児童福祉法では、児童の社会的養護の理念から児童自立支援施設を設置することを規定しています。児童自立支援施設は、「不良行為をなし、又はなすおそれのある児童」で、「家庭環境その他の環境上の理由により生活指導等を要する児童」を入所させるか、保護者のもとから通わせて、個々の児童の状況に応じて必要な指導を行い、その自立を支援する所です。退所した者については、相談その他の援助を行います。

(3) 学校や警察で定める非行少年

学校や警察による非行少年の定義では、さらに広義の非行、つまり不良行為が含まれています。不良行為は非行まで進んでいないものの、これから非行につながる問題行動のことです。喫煙、深夜徘徊、家出や怠学などは不良行為であり、このような問題行動は、警察の補導の対象となる行動です。つまり、自分や他人を傷つけたり、安全を脅かしたりする行為は不良行為にあたります。

文部科学省は、毎年「児童生徒の問題行動・不登校等生徒指導上の諸課題に関する調査」を実施して、暴力行為の件数について発表しています。暴力行為にあたるのは、生徒同士の暴力行為である生徒間暴力、教師に対しての暴力である対教師暴力、校内の物を壊す器物破損、学校内外の人に対する対人暴力です。

2 非行の理解

非行を理解するには、多面的で生態学的なアセスメントが必須です。個人としての子どもと環境の関係です。

(1) 子どもについての理解

子どもの学校生活を理解するために、次の点を押さえておく必要があります（押切、２０１９年）。第一に、学習面での遅れや学習障害が非行の要因になることがあるといわれています。児童自立支援施設で漢字を学習した少年は、「漢字が書けるようになったことを友人に見せたい」と言うことがあるそうです。学習面での苦戦は、子どもの自尊感情を低くし、結果的に非行につながることもあります。第二に、非行に関連する心理・社会面の特徴として、責任回避があげられます。「盗みをしてつかまったのは運が悪かった」「殴ったのは私を怒らせた彼が悪い」などです。また両親や仲間との社会的絆は、非行や非行がより激しくなることを防ぐ要因になります。第三に、進路・キャリア面では、中学卒業後・高校中退後の生活が非行に関係します。一方、将来のなりたい職業などでがんばるという「将来への投資」が非行を防ぐ要因になります。第四に、健康面では、喫煙・飲酒、薬物などが非行に関係します。

(2) 子どもの環境についての理解

非行の問題には、家庭や友達集団、学校・地域が関係しています。非行には児童虐待が関係している場合もあります。また、子どもが保護者の行動を見て暴力行為を学習することも指摘されています。親とのアタッチメント（愛着）の問題が、人間関係構築の問題につながっていることも容易に想像できます。また、非行は学校や地域の「不良グループ」と関係していることがあります。荒れている学校の生徒は非行を肯定的に評価し、問題行動が大きくなることも報告されています。そんな学校の生徒に会うと、「自転車を盗んだ」など非行自慢をすることがあります。

(3) 子どもの自助資源・援助資源についての理解

「非行少年」の排除ではなく、「非行」という行動の変容をめざすとき、子どものもつ自助資源や援助資源が鍵を握ります。例えば、学習面で得意な科目や活動を把握することです。部活が子どもの支えになっていることもあります。部活が終了する中学3年生の夏は、非行傾向のある子どもにとって危険な時期になります。しっかりと部活の顧問の教師と担任が連携して、進路・キャリア面の指導を軸に、子どもを支えることをすすめます。また家族、学校の教師や友人、地域の人で、子どもに関心をもってくれている人を把握することが必要です。

3　非行をする子どもへの援助

児童生徒の非行については、学校内での指導や援助ですむものと、窃盗や強盗など社会的な責任を含めて対応しなければならないものがあります。非行少年への指導や援助は、学校内でできることとできないことの判断をしながら進めていくことが必要です。

⑴ 非行への3段階の対応

非行への3段階の対応モデルが提唱されています（國分・押切、2001年）。

第1段階は、すべての子どもを対象とした非行予防教育です。学校で実施されている非行防止教室、薬物乱用防止教室などです。また、他者の痛みを理解するワークや社会のルールを教える教育も非行の予防につながります。第2段階は、非行の兆し・不良行為・初発型非行のある子どもの早期発見と早期の指導・援助です。非行の兆しには、服装や生活時間の乱れなどがあり、初発型非行には万引き、自転車窃盗などがあります。第3段階は、非行の進んだ子どもへのチーム援助です。地域の関係機関（警察、児童相談所、家庭裁判所、少年鑑別所、保護観察所、少年院など）と連携して、ねばり強く、子どものサポートを行います。どの段階でもそうですが、特に第2段階、第3段階では、家庭訪問や保護者面談を通した環境調整が必要になります。

(2) 学校での非行への具体的対応

学校で生徒が教師に、「ケガをした」と言ってきた場合には、どのような対応が求められるでしょうか。

①状況を確認し、正確な情報を得る

まず、生徒がケガをしたという事実を検証します。ケガの具合は、養護教諭に確認してもらいます。その際、緊急な対応が必要かどうかを判断します。保健室の手当てですませるか、病院での治療が必要かなどです。次に、ケガの手当てをしたあと、どうしてケガをしたのか確認します。事故なのか、誰かが意図的に行ったものなのか、その場にいたのは誰か、ケンカに加わっていた者はいたか、誰か見ていたか、などです。最初の状況の確認は重要です。

②ていねいに事実を聞きとり、明確に記録する

ケガをした生徒からだけでなく、その場に他の生徒がいた場合はその生徒からも話を聞きます。また、それぞれの生徒の話が食い違っているときには特に注意して、詳細に聞きとりをすることも必要です。中学生くらいになると、メンバーで口裏を合わせることもあるので、一人ずつ別々に聞きとることも必要です。そして、これらの情報は、必ず記録しておくことです。その際、時系列で事実を記録すること、主語や述語を明確にすること、誰からの情報かがわかるようにすることが大切です。

③なにを、誰が、どこで指導するのか

情報を整理したうえで、問題の中心はどのような点か、どこに焦点をあてて援助や対応を進めていくのかを判断します。なにを指導するか、誰が中心になって進めるか、どの場所で指導するのかなど具体的に決定します。また、問題の内容や状況によって、担任教師と学年主任の対応とする場合、学年の教師全体で対応する場合、学校組織全体で対応する場合などの判断も必要になります。特にケガをした場合などは、家庭への連絡、家庭訪問による説明をすることも忘れてはならないことです。

④子どもが納得する指導を

子どもへの指導については、子ども本人が納得することが重要です。子どもが納得できないまま問題を解決したことにすると、あとから問題になります。教師も子どもも納得するまで指導をすることが必要です。留意点としては、子どもがどのような感情をもっているかという情緒面を理解することと同時に、子どもの行動面に焦点をあててその行動の是非について評価することです。子どもが納得したうえで、同じことが起こらないように子どもとの約束ごとを決めておくことも重要です。

学校で起こる非行の問題への援助や対応は、問題を起こした児童生徒が自分を振り返り、行動を変える機会になります。つまり、成長の機会です。さらに、非行への対応はすべての子どもにとってもプラスになるように行わなければなりません。学校をすべての子どもにとって安全で過ごしやすいものにすることは、非行の予防につながります。学校での子どもの不良行為に対して適切な指導や対応がなされ、校内が落ち着くことは、社会全体の非行を減らすことにつながります。学校や教師の果たす役割は大きいのです。

考えてみよう　あなたが知っている子どものなかに、非行をする子どもがいなかったか思い出してください。思い出した子どものよいところ、やさしい面について、述べてください。

22章

発達障害の基礎知識と援助体制
――子どもの特性を理解し生かすシステム

1　発達障害とは

発達障害については、①発達の特性がありながら学校生活で適応している場合、②発達の特性のために学習面や行動面で不適応がある場合、③発達の特性による学校生活の不適応により不登校やいじめなどがある場合、に分けられます（宮本、２００９年）。「発達障害」は②の場合であり、③は発達障害の２次的な問題といわれています。さらに、２Ｅ児といって、卓越した才能をもつ一方で、発達障害など「二重の例外（twice exceptional）」がある子どもがいます（松村、２０１８年）。どの場合も注目すべきは、一人ひとりの子どもの発達の特性であり、その特性により学校生活でどのような困りごとなどがあるかです。

文部科学省による学級担任を対象とした２０１２年の調査では、学習面・行動面で著しい困難を示す子ども（発達障害の可能性のある特別な教育的支援を必要とする児童生徒）は、各学級に６・

5%いることが示されました。このことから、約30名の通常学級には発達障害の可能性のある子どもが2名くらい在籍していることになります。発達障害の定義については、法的、教育的、医学的などの立場によって異なりますが、おおよそ次のように定義されています。

(1) 発達障害者支援法（2004年公布、2016年改正）による定義

同法第2条において、発達障害は、「自閉症、アスペルガー症候群その他の広汎性発達障害、学習障害、注意欠陥多動性障害その他これに類する脳機能の障害であってその症状が通常低年齢において発現するもの」であると定義されています。そして「発達障害者」とは「**発達障害がある者であって発達障害及び社会的障壁により日常生活又は社会生活に制限を受けるもの**をいい、「発達障害児」とは、発達障害者のうち18歳未満のもの」をいうとされています（太字筆者）。「社会的障壁」とは、「発達障害がある者にとって日常生活又は社会生活を営む上で障壁となるような社会における事物、制度、慣行、観念その他一切」とされています。発達障害者に対しては社会的障壁を取り除く合理的配慮をすることが義務となります。

(2) 発達障害における主な分類

発達障害者支援法の施行に伴い、文部科学省（2007年）はこれまでの「LD、ADHD、高

機能自閉症等」という表記を「発達障害」という表記に改めることとし、主な発達障害について、**中枢神経系になんらかの要因による機能不全があると推定されるものであること**を前提に定義しています。また米国精神医学会が作成した精神疾患の診断・統計マニュアルであるＤＳＭ–５（日本精神神経学会、２０１４年）では、発達障害は、「神経発達症群／神経発達障害群」に位置づけられ、限局性学習障害（ＳＬＤ）、注意欠如・多動性障害（ＡＤＨＤ）、自閉症スペクトラム障害（ＡＳＤ）などの診断基準を示しています。

①限局性学習障害（ＳＬＤ）

ＬＤ（Learning Disabilities）は教育用語です。文部科学省では、「**基本的には全般的な知的発達に遅れはないが、聞く、話す、読む、書く、計算する又は推論する能力のうち特定のものの習得と使用に著しい困難を示す様々な状態を指すものである**」と定義しています。そして、学習障害は、「視覚障害、聴覚障害、知的障害、情緒障害などの障害や、環境的な要因が直接の原因となるものではない」とされています。ＤＳＭ–5では、「限局性学習障害（ＳＬＤ）」として診断されます。ＬＤの特性は、学習スタイルの得意・不得意に大きな偏り、でこぼこがあることです。ＬＤ（Learning Differences）といういい方で、学び方の違いとすることもあります。ＬＤの援助は、個別の知能検査（「ＷＩＳＣ–Ⅳ」や「ＫＡＢＣ–Ⅱ」）などによる心理教育的アセスメントにより知的発達の程度および特徴を把握して、得意な学習スタイルを活用した「個別の指導計画」の作成と実施が鍵となります。学習スタイルには「聴覚・視覚・運動」「言語・非言語」「継次処理・同時処理」などがあります。

②注意欠如／多動性障害（ADHD）

文部科学省では、ADHDについて「注意欠陥／多動性障害」として「**年齢あるいは発達に不釣り合いな注意力、及び／又は衝動性、多動性を特徴とする行動の障害で、社会的な活動や学業の機能に支障をきたすものである**」と定義しています。そしてDSM-5では「注意欠如・多動性障害」という診断名が用いられます。ADHDには、元気がある、活動的、すぐに嫌なことを忘れるという特性がある一方、ルールを忘れて行動しがちでトラブルにかかわりやすいという特性があります。児童虐待などが要因の愛着障害の場合も、ADHDに類似した行動特性を示します。ADHDの援助では、刺激の調整などの環境の整備、肯定的・受容的な経験の繰り返し、ソーシャルスキル・トレーニングなどがあります。薬物療法も効果があることが示されています。

③自閉症スペクトラム障害（ASD）

文部科学省では、自閉症は「①他人との社会的関係の形成の困難さ、②言葉の発達の遅れ、③興味や関心が狭く特定のものにこだわることを特徴とする行動の障害」と定義しています。そしてDSM-5では、自閉症スペクトラム障害（ASD）は、「**社会的コミュニケーションおよび相互関係における持続的障害**」と「**限定された反復する様式の行動、興味、活動**」の2面から診断されます。特性としては、こつこつと作業を行う、観察力が鋭いという強みがある一方、他の人の感情が読めない、文脈が読めない、感情を上手にコントロールできないなどがあります。援助では、状況を解説してくれる仲介者をつける、休憩を確保する、スケジュール表で予定や変更を前もって示すことを通して、成功体験を積む機会をつくっていきます。

2 学校における発達障害の子どもへの援助体制

(1) 校内支援体制

発達障害のある子どもの援助は、個別の援助チーム、コーディネーション委員会（校内委員会など）、マネジメント委員会の3層のシステムで行います（4章参照）。

第一に、個別の援助チームは、保護者、学級担任に加えて、特別支援教育コーディネーターや通級指導担当教員、養護教諭、スクールカウンセラーなどが必要に応じて加わります。特に保護者と担任の連携は、子どもの学級での学習面や行動面での困難の理解や援助を支えるものです。また、医師や療育関係の専門家などが、子どもの援助チームに入ることもあります。

第二に、校内委員会は、特別支援教育コーディネーターを中心に、生徒指導主事、教育相談担当、養護教諭、管理職から構成され、発達障害の可能性のある子どもの事例を検討して、個別の指導計画を作成したり、学校における発達障害の援助体制について検討します。必要に応じて、巡回相談員や特別支援学校のコーディネーターが参加すると、事例の理解が深まります。学校によっては、教育相談コーディネーターとして、教育相談と特別支援を総合的に促進する担当者を置くところもあります。校内委員会は、毎学期1回以上開催することが望まれます。

第三に、マネジメント委員会は、校長、副校長、教頭、生徒指導主事、学年主任などから構成され、授業改善、行事の工夫を通して、発達障害などで苦戦する子どもを援助する方針を決定します。マネジメント委員会に特別支援教育コーディネーターも参加している学校は、発達障害の子どもの援助が進みやすくなっています。特に、授業改善における授業のユニバーサルデザインの導入、運動会などの行事およびその準備における集団が苦手な子どもの援助、通級指導教室の活用などでは、マネジメント委員会のリーダーシップと方針・施策の継続が必要です。

(2) 個別の教育支援計画と個別の指導計画

発達障害のある子どもの援助においては、子どもの特性の理解と援助ニーズの把握を、子どもにかかわる者が共有して、援助を計画的に行っていくことが鍵になります。2016年の発達障害者支援法の改正で、「個別の教育支援計画」と「個別の指導計画」を作成することが明記されました。「個別の支援計画」は、障害のある子ども一人ひとりのニーズを把握して、教育、医療、福祉、労働等の関係機関が継続的な支援体制を整え、出生期・乳幼児期から小学校・中学校・高校・卒業後まで、それぞれの年代における子どもの望ましい成長を促すために作成されます。この個別の支援計画のうち、幼児児童生徒に対して、教育機関が中心となって作成するものを、個別の教育支援計画といいます。一方個別の指導計画は、一人ひとりの子どもの実態に応じて、指導目標、指導計画（年間、学期、単元）、指導内容および指導方法を明確にしたものです。

(3) 合理的配慮と教育的配慮

２０１３年公布の障害者差別解消法において、行政機関や学校、企業などの事業者には、①障害を理由とする不当な差別的取り扱い禁止と、②合理的配慮の提供義務が課されました。日本語の「配慮」は、相手への心配りであり、事情を踏まえた取り計らいをすることです。英語では「リーズナブル・アコモデーション」であり、障害者の生活や学習での必要かつ適切な「変更と調整」です。つまり合理的配慮は、具体的な行為であり、心配したり、共感したりするだけではないことを強調したいのです。そして「合理的」は、必要性や適切性がある配慮であることと、関与する学校の機能（学校教育など）を損ねるほど過度でないことを示しています。基本的には、障害者本人や家族・支援者からの配慮を求める意思表明を受けて、学校などと話し合いがもたれ、合意した配慮の実施を行いながら、見直し改善を図るというプロセスになります。重要なことは配慮の合意のために時間をかけすぎないで、実現できる配慮を早くきちんと行うことです。発達障害のある子どもへの合理的配慮には、学習面を支援する人材（特別支援教育支援員など）の配置、個別指導のためのコンピュータ、デジタル教材、クールダウンするための部屋の確保などがあります。

合理的配慮は、障害のある特定の子どもに対する3次的援助サービスであり、個別の教育支援計画、個別の指導計画に入れるものです。学習面や行動面の困難があり、「発達障害」の診断等がなされていない子どもの場合も、教材の工夫やクールダウンする部屋の確保など、苦戦している子どもへの2次的援助サービスを行っています。これらの援助は、「教育的配慮」と呼べます。また、授業のユニバーサルデザインでデジタル教材等を活用して、すべての子どもがわかる授業をめざす1次的援助サービスは、発達障害のある子どもにも大きな援助になります。したがって、発達障害のある子どもへの援助は、すべての子どもが参加しやすい授業や行事（1次的援助サービス）、学校生活に関する柔軟な教育的配慮（2次的援助サービス）、そして子ども・保護者と学校が合意した合理的配慮（3次的援助サービス）の3階建てになります。

考えてみよう　あなたの知っている子どものなかに、「発達障害」の可能性のある子どもはいますか。いる場合は、その子どもの強いところ、すばらしいところについて述べてください。

23章

発達障害の理解と援助
——子どもの特性を理解し生かす実践

1 学校における発達障害の子どもへのかかわり方

発達障害のある子どもの学校生活での苦戦には、学業の困難さ、他人との社会的関係形成の困難さなどがあげられます。教師が、一人ひとりの苦戦する子どもの特性に応じてかかわりを工夫することで、すべての子どもへのかかわりが変わります。つまり、発達障害の子どもたちは「教師を変える子どもたち」「学校を変える子どもたち」なのです。

(1) 子どもの特性の理解

発達障害のある子どもとのかかわりの基本は、その子どもの特性を理解することです。子どもの学習スタイルや行動スタイルを理解します。子どもの学びやすい方法が、言葉を耳から聞く聴覚型か、図表などを目で見る視覚型か、体を動かす運動型かを把握します。授業では視覚教材の使用が増えていますが、視覚教材を使うときは聴覚による情報を減らすことが必要です。処理できる情報のキャパシティがあるからです。また、子どもの行動スタイルには、一人でいるほうが落ち着くあるいは集団を楽しむ、すぐに決めるあるいはじっくり考えて決める、試行錯誤しながら進むあるいは計画に従って進む、などがあります。教師自身の学習スタイルや行動スタイルを把握して、子どものスタイルとのマッチングを検討することです。マッチングのズレが小さい場合は子どもの成長につながり、大きすぎる場合は学校生活が苦しくなります。

小学5年生のA君は、勉強もよくできる元気なよい子です。先生のお手伝いが大好きで進んでやってくれます。A君が、教室で飼っている金魚に餌をやりたいというので、担任教師が「ちょっとだけあげてね」と言うと、A君は「わかった、ちょっとだけあげます」と言って、水が濁るくらい大量の餌を水槽に入れました。相手の言葉のニュアンスを読むのが苦手な子どもには、具体的にわかるように伝える工夫が必要です。金魚の餌は、1回分の量をとって見せると、子どもの失敗を減らすことができます。子どもがなんでわからないのかをなげくのではなく、わかるように工夫することが子どものサポートになるのです。

(2) 子どもの行動変容を促す肯定的な声かけ

一人ひとりの子どもが伸びようとしている点、強いところに焦点をあて、肯定的な声のかけ方をすることが効果的です。

小学4年生のB君は、些細なことでカッとなってしまい、友達に手を出すことがありました。また、正義感が強く、誰かが意地悪をするのを見ると自分には関係がなくても注意し、ケンカになってしまうこともありました。担任教師は、B君と話をして「友達に手を出さない」という約束をしました。それなのに1週間後、B君は友達とケンカになりました。B君は、友達を殴ろうと手を上げましたが、殴らず、かわりに近くにあったゴミ箱を蹴飛ばして壊してしまいました。

このような子どもに対して、教師はどのような声をかければよいでしょうか。もちろん、①ケンカをすることはいけないよ、②ゴミ箱を蹴飛ばしたことはいけないよ、と注意することもできます。一方、③殴ろうとしたのによく止めたね、④人ではなくゴミ箱にあたったんだね、と言うこともできます。もちろん、子どもがケガをすることは防がなくてはなりませんので、他人に危害を加えることはやめるよう教えなくてはなりません。しかし一方で、子どもの行動の肯定的な面をとらえる姿勢をもちたいと思います。B君の事例では、ゴミ箱は蹴飛ばして壊したけれど、友達には手を出さなかったことは評価できます。子どもがなにか努力をしたこと、自分の行動や言動をコントロールしようとしていることを見つけ、すぐにそれを肯定する声かけ（評価的サポート）をすることで子どもの変容を促進することができます。

(3) 成功体験の蓄積

発達障害のある子どもは、失敗体験の積み重ねで自尊感情が低下していることがよくあります。A君やB君のように、コミュニケーションがうまくとれない子ども、ケンカが多い子どもは、教師から叱られることも多く、努力をしても友達とうまくいかない経験をします。苦戦の始まりにおける「どうして私はできないのだろう」という気持ちが、失敗体験や叱責される経験が続くと、「私はがんばってもどうせできない」という気持ちになる場合があります。これらの学校生活における意欲の低下、大人や社会への不信は、不登校や非行などの2次的な問題要因の一つとなります。

子どもの自尊感情や学習意欲を維持して2次的な問題を防ぐためには、子どもの強いところや得意なところに焦点をあて、成功体験を得る機会を提供することです。子どものよさを見つけること、人格を否定するような叱り方をしないことです。大学では、「小学校の頃、発達障害と診断されました」という学生に出会うことがあります。発達障害で苦戦することがあった人が、どのようにして大学生になるまで成長したのでしょうか。きっと多くの強みがあり援助者がいたのだろうと考えます。そのような学生に、強み(学び方、行動の仕方)、ストレス対処、援助者の活用などについて教えてもらうと役に立ちます。もちろん発達障害のある学生への援助は、大学でも行われます。学校の魅力は、子どもが成功体験を得る機会を提供できることです。多動な子どもがプリントの配付を手伝うことで感謝されるのは、成功体験です。こつこつと絵を描いたり工作をするのが得意な子どもに、運動会で使う看板の作成を依頼し、それが使われて、その子が感謝されるというのも成功体験です。

2 子どもの周囲にいる人への援助

発達障害のある子どもが苦戦するとき、保護者も苦戦しますし、学級の子どもも不満や不安をもったりします。

(1) 保護者への援助

保護者は、発達に特性のある子どもを育てる過程で苦戦したり、障害の可能性を心配したりしています。保育園や幼稚園で、子どものトラブルでつらい思いをしてきているかもしれません。教師やスクールカウンセラーは、保護者の気持ちを理解しながら、子どもを援助するチームをつくっていく必要があります。

例えば、学級で落ち着きがなく、すぐキレる子どもがいると、担任は「発達障害」なのではないかと思い、保護者に病院での受診をすすめることがありますが、ちょっと待ってください。まず、その子どもの多動や不安定な感情の要因はなにかを検討する必要があります。そして、子どもの学級での苦戦について整理してみることが大切です。また、子どもが学校でがんばっていることやよくできていることも把握します。そして、保護者との面談になります。

「発達障害」という用語は、保護者との面談で最初から出す必要はありません。性急に進めると保護者に抵抗する気持ちが出ます。場合によっては、学校への不信感につながることがあります。教師・保護者・養護教諭・特別支援教育コーディネーターなどで、学級での援助の工夫を考え、それでも状況が改善しない場合は、教育相談センターでの相談をすすめることもあります。体調の問題がある場合は医師の受診をすすめることもあります。そのときは、「いま学校の援助チームでできていることを進めながら、さらに援助サービスを充実させる」ためであることを、保護者としっかりと共有する必要があります。また、「ＷＩＳＣ-Ⅳ」や「ＫＡＢＣ-Ⅱ」など発達障害の理解に使われる知能検査の話題を出す必要がある場合は、学校での援助サービスのレベルアップのための資料として役立つことを伝えることが必須です。いきなり検査、いきなり病院の話題では、保護者を余計に心配させ、保護者と学校の関係を悪くします。

保護者からの情報や意見をきちんと聞き、学校でできることを一緒に考えていくことで、保護者は学校や教師を信頼してくれるようになります。そのためには、個別の教育支援計画や個別の指導計画を保護者と一緒につくることなども考えられます。

「発達障害」であるという診断を受けることにはメリット（合理的配慮ができることなど）とデメリット（レッテルを貼ることになるなど）があるので、チーム援助が進み、教師・スクールカウンセラーと保護者の信頼関係ができたところで話題にするのがよいでしょう。発達障害は外からわかりにくい障害であり、「障害受容」という用語を安易に使わないというのが、今日の標準となっています。「特性理解と援助」がキーワードです。

(2) 学級の子どもへの援助

子どもの学校生活の困難さを解消するためには、一人ひとりの子どもに適した援助を行う必要があります。しかし、一方で教師は、学級や学校のすべての子どもの援助をしなければなりません。一人の援助とみんなの援助を同時に行う工夫が必要です。

第一に、学習面や行動面で苦戦している子どもには教師がエネルギーを多く使うことになり、学級の子どもは不満をもつことがあります。発達障害のある子どもへの配慮（宿題の配慮など）に対して「ずるい」と子どもが言うのは、「教師は公平であるべきだ」という主張としてよりも、「私にも配慮して」という訴えとしてとらえることができます。

第二に、ケンカが起こる、授業中歩き回る子どもがいるなどの学級では、学級全体への指導も多くなります。このときに注意したいのは、きちんとやっている子どもも一緒に指導されているということです。自分はちゃんとしているのに叱られるのは特定の子どものせいだと思う子どもが増えると、不満も多くなり、悪循環が起こってしまいます。

第三に、苦戦している子どもを援助するために、しっかりしている子どもの力を借りることがあります。援助することで子どもは成長しますが、担任が発達障害のある子どもを「援助される側」に位置づけ、他の子どもを「援助する側」に位置づけると、「援助する側」の子どもは子どもとしての援助サービスを受けないことになり不満が大きくなります（大河原、2007年：5章参照）。その結果、教師と発達障害の子どもが学級集団から浮いてしまい、その子どもがいじめを受けたり、学級崩壊につながったりすることもあります。

第四に、発達障害のために合理的配慮をする場合は、なぜそのような配慮をするのか学級で説明を求められることがあります。その際、当事者の子どもや保護者に学級で説明することについてあらかじめ相談し、子どもの気持ちを尊重した説明の方法とタイミングに気をつけます。「問題」を示す子どもの援助と同時に、周囲の子どもたちの気持ちを理解し、そのがんばりやがまんを認める働きかけをしましょう。すべての子どもを援助される側におくことが大事です。

(3) 教師への援助

学級担任をはじめ教師は、発達障害のある子どもの成長を支える役割を担っています。教師は、特別支援教育コーディネーターやスクールカウンセラーと連携しながら、個別の教育支援計画を活用し、個別の指導計画の作成と実施にかかわります。援助チームのメンバーが子どもの特性理解について、研修会などで学べるようにするためには、管理職の理解と援助が必要です。近年は、発達障害についての学習は教職課程で行われていますし、特別支援教育の内容は教員免許状更新講習でも必須になっていますが、発達障害のある子どもの教育については継続的に学習する必要があります。

また、学級担任が学級経営や保護者との連携で苦戦するときは、教育相談コーディネーター、特別支援教育コーディネーターや管理職との相互コンサルテーションで、早期の問題解決にあたることが重要です。特に、発達障害のある子どもの保護者あるいは学級の子どもの保護者の苦情が厳しい場合は、管理職が中心になって対応する必要があります。

熱心な教師が燃え尽きないためには、子どもの成長の小さな一歩を見つけ、学校全体で保護者と一緒に喜び合うことが大事です。「子どもはよくやっているね」「私たちもよくやっているね」と支え合うことです。

考えてみよう

「発達障害」の子どもが学級にいるとき、教師やスクールカウンセラーが学級の子どもの保護者に対してできることを3つ以上あげてください。

24章 チーム学校で

「チーム学校」——みんなが資源、みんなで支援

1 「チーム学校」の意義

中央教育審議会は、国の教育政策の柱となるものを提案します。最近の教育政策の中核となっている「チームとしての学校の在り方と今後の改善方策について（答申）」（文部科学省、2015年）は、その一つです。「チーム学校」は、学校が困難な課題に対応するなかで、教育レベルを維持向上させていくために、学校をチームとして組織化し、連携を強化しようという考え方です。

チーム学校の特徴の一つに、多くの役割をもつ教師が学校教育のすべてを行うのではなく、専門スタッフを教職員として位置づけることがあります。専門スタッフとして、心理の専門家（スクールカウンセラー）、福祉の専門家（スクールソーシャルワーカー）、特別支援教育の専門家など

があげられています。また「チーム学校」には、校内の連携という側面と、学校・家庭・地域の連携という側面があります。したがって「チーム学校」における「学校」を「学校教育」として広義に解釈して「チーム（学校）教育」あるいは「チーム子育て」ととらえるのが、今回の答申のめざす方向になると思います。チーム医療とならんで、チーム教育はこれからの援助サービスの柱です。

2 「チーム学校」の3つの方針

学校がチームとしての組織化を図り、連携を強化するために、チーム学校の3つの方針があげられました。

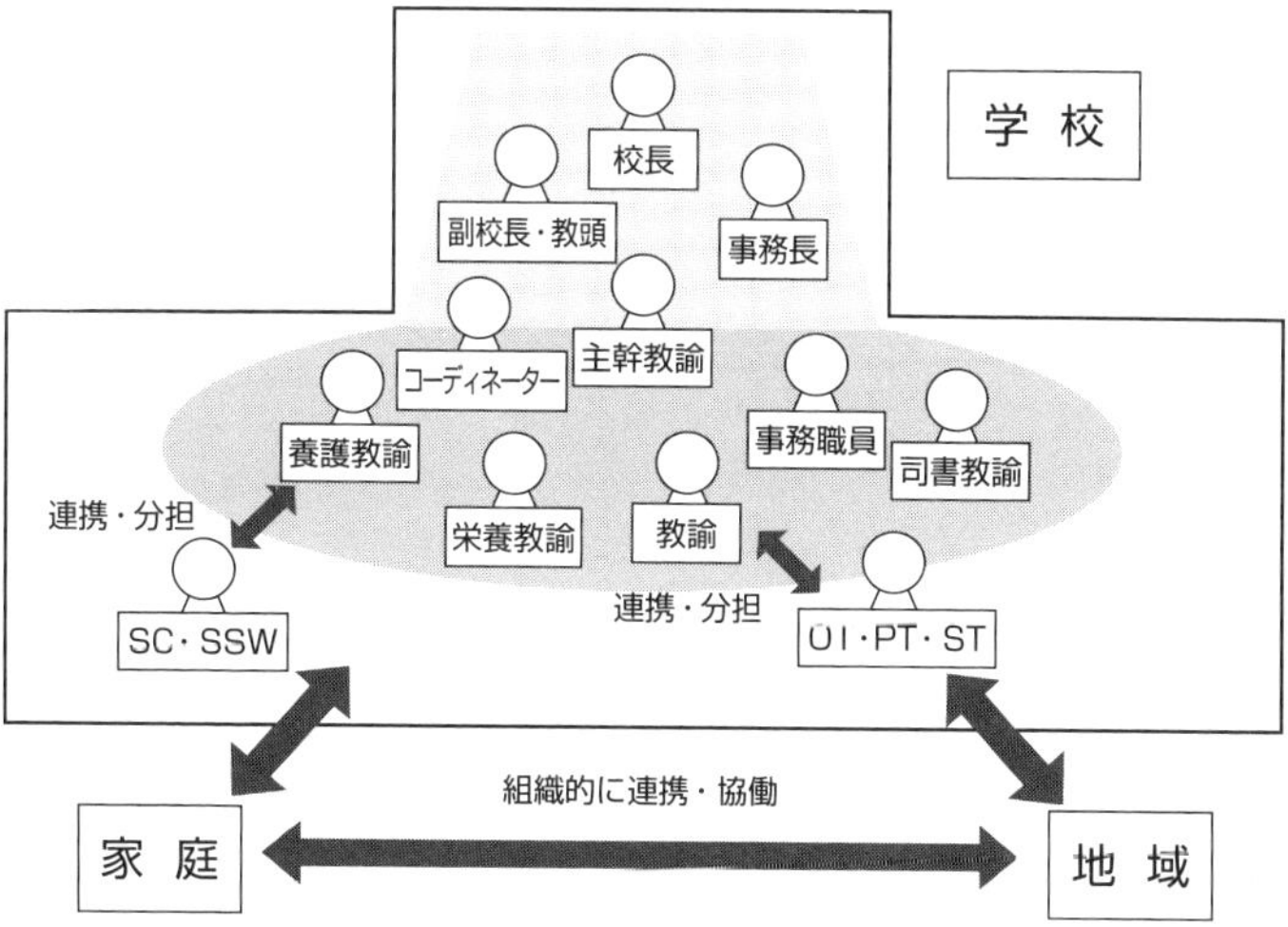

学校
校長
副校長・教頭
事務長
主幹教諭
コーディネーター
養護教諭
事務職員
司書教諭
栄養教諭
教諭
連携・分担
SC・SSW
連携・分担
OT・PT・ST
組織的に連携・協働
家庭
地域

「チーム学校」の図

文部科学省中央教育審議会「ナームとしての学校の在り方と今後の改善方策について（答申）」（2015年）中の図をもとに作成。特別支援教育の専門スタッフの例として、OT（作業療法士）、PT（理学療法士）、ST（言語聴覚士）など。

(1) 専門性に基づくチーム体制の強化

教職員の「横の連携」を強化するためには、まず教師や事務職員のチームワークが重要です。そのチーム力をさらに向上させるために、スクールカウンセラーやスクールソーシャルワーカーら専門スタッフも「チーム学校の一員」になることが求められています。なぜ専門スタッフという考え方が新しいかといえば、これまでは、スクールカウンセラーらは「外から来る専門家」であり、外部性が強調されました。これからは、スクールカウンセラーやスクールソーシャルワーカーはチーム学校の一員となり、苦戦している子どもだけでなくすべての子どものサポーターになります。チーム学校では、専門スタッフは内部性をもちながら、異なる専門性をもつ職員として期待されます。さらに、学校内のチームを学校・家庭・地域のネットワークにもつなげていく役割ももちます。

(2) 学校のマネジメント機能の強化

校長、副校長、教頭、主幹教諭、事務長などのリーダーシップや事務体制の整備により、学校組織が教育目標のもとで動くようにすることがめざされます。組織としての学校がよりよく機能するための、管理職・教職員の「縦の連携」といえます。教師やスクールカウンセラーらは、現場の裁量が大きいヒューマン・サービスの仕事をしており、会社員に比べて上司・部下の意識が低いようです。学校教育の質を上げるためには、組織のリーダーとフォロワーの連携が必要です。学校経営の視点からいえば、スクールカウンセラーの上司は校長です。校長は、スクールカウンセラーの面接や会議出席の時間管理、学校教育へのかかわりなどについて監督します。一方、教育委員会に配置されているスクールカウンセラーのスーパーバイザーは、カウンセリングやコンサルテーションなどの心理支援に関して、知識・技能面の指導を担いますし、地域でのスクールカウンセラーのチームの調整も期待されます。

(3) 教職員が力を発揮できる環境の整備

「学び続ける教師」という考え方を踏まえ、人材育成や業務改善の取り組みを進めることがめざされています。学校が教職員にとって、働きやすく、力を発揮しやすい場所になるために、コミュニティ・アプローチに学ぶことができます。

3　チーム学校における縦の連携と横の連携

マネジメント委員会、コーディネーション委員会、個別の援助チームの「3層の援助チーム」

は、それぞれが独立して機能するのではなく、お互いがつながり、チーム学校における心理教育的援助サービスのシステムとなります（4章参照）。学校では子どもとのかかわりは現場の教職員の裁量に任せるため、横のつながりがもちにくいうえに、管理職からの意思が教師に伝わりにくいこともあります。つまり、学校組織において横の連携と縦の連携をどうするかが、教育サービスの質を決めるといえます。横と縦の連携を結ぶ働きをするのが、コーディネーターや管理職が共に出席する「コーディネーション委員会」です。

援助ニーズの大きい子どもに対する「個別の援助チーム」は、担任教師を中心に行われることが多いため、どのような方針で進められているのかが、他の教職員や学校全体に伝わりにくいことがあります。前の学年のときにはうまくいっていた子どもが、学年や学級がかわったことで苦労する場合があります。担任教師や子どもをよく知っている教師の異動などによって子どもへの援助が途切れないよう、援助チームで蓄積した援助（発達障害のある子どもの授業参加を促進する援助など）の工夫や内容を共有することが必要です。その機能をもつのが、コーディネーション委員会（教育相談部会や学年会など）になります。個別の援助チームからコーディネーション委員会に情報を出し、個別の子どもへの援助を共有する場として活用することで、学校全体で横の連携が継続され、強化されます。

さらに、個別の援助チームにおける子どもへの援助内容を、コーディネーション委員会を通して「マネジメント委員会」へとつなぐことが必要です。特に、合理的配慮の必要な子どもを含めたすべての子どもへの援助サービスがしっかりと行われるためには、学校全体の教育計画（授業や運動会における特別な援助ニーズへの対応など）に関する校長の意思決定が鍵になります。コーディネーション委員会に管理職が出席することにより、苦戦する子どもへの援助がマネジメント委員会につなげられることで、学校組織全体の縦の連携が進みます。コーディネーション委員会の重要な機能の一つが、マネジメントの促進なのです。

4 チーム学校を支えるスクールカウンセラーとスクールソーシャルワーカー

チーム学校の方針の背景に、日本の教師が幅広い業務を担うあまり、専門性を十分に発揮していないのではないかという問題意識があります。チーム学校で教職員が学校教育の質を向上させるよう取り組むためには、教師の仕事を見直す必要があります。文部科学省においては、チーム学校と関連して、「学校における働き方改革」が検討されています（2019年の答申）。

教師という職業は長い歴史をもち、成熟化しています。教師の職業は無境界性という特徴をもっています（佐藤、1994年）。学校心理学の立場からいえば、教師は子どもに学習指導や生徒指導を行う指導者であり、子どもの苦戦状況において問題解決を支える援助者でもあり、学校と家庭や地域を結ぶコーディネーターでもあります。つまり教師は、複合的で総合的なヘルパーなのです。これまでは教師の多面的な仕事のおかげで、子どもを包括的に理解することができ、援助が進んできました。アメリカの小学校と比べると、日本の教師は、子どもの相談にのるスクールカウンセラー、子どもと家庭・地域を結ぶスクールソーシャルワーカーも兼ねており、3種類の仕事をしていることになります。日本の学校教育では、教師が心理教育的援助サービスをリードしてきたのです。

しかし、今日、不登校、いじめ、発達障害の問題、また児童虐待、自然災害、感染症の問題などに関連して、子どもの学校教育をめぐる状況が変わってきました。子どもの苦戦する問題も複雑化しており、子どもの多様な援助ニーズを満たすには、教師の心理教育的援助サービスだけでは十分ではなくなりました。スクールカウンセラーやスクールソーシャルワーカーらとの協働が必須になっているのです。まさに、教師の仕事を見直し、教育の質の持続可能な発展をめざすときです。学校心理学の視点からいえば、教師の仕事の中核には、①学校で子どもの学びと育ちを援助する、②子どもの学校生活における苦戦状況や危機状況において援助する、③学びと育ちを支える地域のネットワークに参加する、という3つがあります。しかし、教師が子どもの心理社会的発達に関する援助ニーズや家族の福祉的な援助ニーズに対応するには限界があるのです。

一方、スクールカウンセラーやスクールソーシャルワーカーは、日本では職業的に発展途上の段階にありますので、これからは、仕事の固有性を発揮しながら、仕事を拡大して教師と仕事の共有化を進めていく必要があります。仕事の幅を広げていかなければなりません。スクールカウンセラーは、学校教育について学びながら、仕事の幅を広げていかなければなりません。スクールカウンセラーもチーム学校の一員です。相談室にこもっていてはいけないのです。スクールカウンセラーやスクールソーシャルワーカーは、教師と一緒に不登校の子どもの家庭訪問をしたり、学校の会議に出席したり、TTとしてストレス対処法を教えたり、保護者の学習会の講師をつとめたりすることが求められています。こうしてスクールカウンセラーやスクールソーシャルワーカーが教師と協働で仕事をすることで、「分業」ではなく「共業」としての役割分担ができるようになります。

子どもの援助方針に従って、教師だからできることと専門スタッフの援助を生かすことについて互いに確認し、互いの専門的な視点や気づきを尊重しながら援助を進めることが重要です。チーム学校は、教育の質を維持向上させるとともに、教職の質の持続可能な発展を支えます。

考えてみよう あなたがかかわっている学校のチームとしての強みと課題について考えてください。あなたが「チーム学校」の一員としてできることを3つ以上あげてください。

25章

家庭・保護者とのパートナーシップ

1　家庭・保護者との連携・協働とは

「チーム学校」の考え方によれば、これからは今まで以上に学校（教師やスクールカウンセラーなど）と家庭（保護者）とが、「綿密な連絡を取り合い、お互いがその専門性を生かして、同じ見方や目標に向かって異なるやり方で子どもの成長や発達を支えていく」連携・協働を進めなければなりません。

学校心理学では、「自分の子どもの専門家」である保護者を「役割的ヘルパー」とし、指導と援助を行う教師を「複合的ヘルパー」として、スクールカウンセラーを援助サービスの「専門的ヘルパー」に位置づけています。保護者、教師、スクールカウンセラーは、子どもにとって重要な援助資源です。援助資源とは、子どもがなんらかの困った状況になっているときに、問題状況を解決するために助けてくれる人などのことです。

2 教師と保護者の相互コンサルテーション

ここでは、教師、スクールカウンセラー、保護者の役割と関係性について考えてみましょう。子どもの問題を解決するときに、例えば保護者がスクールカウンセラーに相談しますが、このような関係をコンサルテーションといいます（16章参照）。コンサルテーションは、相談される者（コンサルタント＝スクールカウンセラー）が相談する者（コンサルティ＝保護者）に対して行います。

一方、子どもに不登校や非行の問題がある場合、保護者自身も問題の中心にいることから、子どもと同様に援助の対象者でもあります。子どもが学校に行けないとき、保護者はどうしたらよいかたいへん悩みます。保護者との面談で、保護者から「私の育て方が悪かったんでしょうか」という言葉が出ることがあります。子どもの問題状況をなんとかしたいという思いから、原因を探し、自分や学校を責めたりするのです。このような状態のときは、保護者の気持ちを支えるために、相談機関等でのカウンセリングが役立ちます。つまり、保護者はコンサルテーションニーズとカウンセリングニーズの両方をもつのです（田村・石隈，２００７年）。しかし、カウンセリングを通して、保護者が徐々に落ち着きはじめ、子どもへの声のかけ方や接し方などの工夫をすることができるようになると、「援助されるクライエント」から「援助チームのパートナー」になります。

子どもが不登校の状態にあり、まったく会えないまま援助をする場合などは、子どもの情報は保護者からしか得られません。小さい頃から子どものことを知っている保護者から情報を得られれば、それと教師やスクールカウンセラーの情報や見立てとを統合してアセスメントを進め、援助方針を決定することができます。ここでは、教師やスクールカウンセラー（コンサルタント）が保護者（コンサルティ）にアドバイスをするという関係だけでなく、お互いがコンサルタントになる相互コンサルテーションという関係になります。これが、子どもへの援助を援助者が協力して行う「チーム援助」のことです。相互コンサルテーションは、教師・スクールカウンセラー・保護者の双方向的な意見交換によって成り立ちます。双方向の話し合いの場をつくるよう意識することが、一方的な話し合いになることを防ぎます。

例えば、教師と保護者では子どもを見る視点が違います。また子どもも、学校と家庭とでは見せる顔が違うことはよくあります。小学1年生のA君は、学校ではじっとしていることが苦手で、小さなことでカッとなってしまい、担任教師が注意することが多くありました。授業中は絵を描いていたり、歩き回ったりしていました。周囲のクラスメートが、A君に「やめたほうがいいよ」と注意しても、A君は無視していました。このようなことが続くと、他の子どもたちからも不満が出るようになります。担任教師はこのような状況をなんとかしたいと思い、保護者と面談しました。すると保護者からは、家ではカッとすることもなく、本を読んだりして静かに過ごすことが多いと伝えられました。また、A君は小さい頃から音に敏感で、にぎやかな場所は好きではないこともわかりました。

保護者からの情報で、担任教師は自分の話し方や叱り方がA君に合っていないのかもしれないと考えるようになりました。また、複数のクラスメートから注意されることもA君にとってはうるさいとしか感じられていないのではないかと思い、クラスメートには「A君への注意は先生がするから、みんなはしなくてよい」と伝えました。

保護者と教師はそれぞれのもっている情報が違うことはよくあることです。A君の事例のように、担任教師が保護者の情報を生かして、よい方法を工夫できることがあります。特に、どのような声のかけ方をすると子どもが落ち着くのか、子どもが自分の行動を修正するきっかけはあるのかなど、保護者しか知らない情報はたくさんあります。子どもが適応するためにヒントになる方法は、保護者から教えてもらうことができます。

3 パートナーシップの基盤となる信頼関係づくり

パートナーシップの基盤にあるのは、教職員と保護者との信頼関係です。カウンセリングでもコンサルテーションにおいても、なるべく早い段階で信頼関係をつくり、維持することが重要です。

(1) 多様な家族・保護者を理解する

子どもは家族のなかで成長しているため、家族、特に保護者からの影響を強く受けています。そこで学校では子どもの問題が起こると、その原因を保護者の育て方や生い立ち、家族のあり方や経済状況など、家庭内の問題にしてしまうことがあります。しかし、子どもの問題を家族だけのせいにしていては、学校教育としてはなんの解決にもなりません。

家族のあり方は多様です。それぞれの家族が、それぞれの価値観や教育観をもっています。家族関係（相互理解や支援、葛藤など）や社会経済的状況もさまざまです。しかし、教師やスクールカウンセラーは自分の育った環境（家庭）を基準としてその「良し悪し」を判断してしまうことがあります。教職員が自分の家庭の枠組みや先入観に縛られていると、保護者の子どもの成長に関する思いや願いを理解することが難しくなるだけでなく、保護者との信頼関係を築く邪魔になります。教師は、家族や保護者とはこうあるべきだという自分のビリーフ（考え方や信念）を見直し、多様な家族のあり方を認め、理解することです。どのような家族にも「よいところ」があるのだと思いながら保護者とかかわることが大切です。

また、保護者の「学校観」「教師観」を理解することが保護者との連携には必要です。教師やスクールカウンセラーが、子どもの援助について保護者と面談を始めるとき、保護者はすでに自分の学校観や教師観をもっています。保護者にはこれまでの学校や教師とのかかわりから、「学校は、自分の子どもに必要な援助サービスをしてくれる」「教師は専門家として信頼できる」「教師は自分の子どもに熱心にかかわってくれる」という信頼感をもっていることがあります。一方、「学校や教師はあてにならない」などと思っている場合もあります。保護者のネガティブな学校観をすぐに変えることは、困難です。「これまでお子さんのことでご苦労なさったのですね」という姿勢から、保護者との連携を始めていくことが関係構築の第一歩になります。

(2) 子どもが安心して楽しい学校生活を送る

保護者が学校や担任教師を信頼できるのは、自分の子どもが安心して楽しく学校に行っているときです。子どもが学校から帰るなり、「学校で先生から叱られた」「友達から嫌なことをされた」「学校はつまらない」などと保護者に訴えたとしましょう。保護者が、学校でなにがあったのかを知りたいと思うのは当然のことです。そして、子どもが学校生活を楽しく送れていないのは教師のやり方がまずいからだと思ってしまうと、教師と保護者の信頼関係は崩れてしまいます。子どもが学校の話をしなくなったなどの変化があったときも、保護者は不安になります。特に小さい子どもや一番上の子どもの場合、保護者の不安はより大きくなります。

一方、保護者の不安は子どもが帰宅してから「学校は楽しい」「今日はこんなおもしろいことがあった」などと話すことによって解消され、この学校でよかったという思いになります。特に、子どもが教師から聞いた話がおもしろかった、勉強がよくわかった、先生が自分を助けてくれたなどと話すとき、保護者はうれしい気持ちになります。小学校で初めて学級担任になった新人教師が、ある保護者から「うちの会社の新入社員と同じ年齢の人に子どもを任せると思うと心配です」と言われました。保護者の心配の裏にはしっかりやってほしいという願いが込められているのだと教師が思ってがんばると、2年目には「今年も先生が担任でよかった」と言ってくれたそうです。子どもが元気で楽しい学校生活を送ること、安心して過ごせる学級づくり・学校づくりができていることによって保護者との信頼関係はつくられていきます。

(3) お互いができることを一つ探す

教師・スクールカウンセラー・保護者のパートナーシップは、お互いが子どもの援助について責任をもつことによって成り立ちます。子どもの援助は、教師も保護者も自分ができることを探すことでより効果的になります。つまり、学校でできること、家庭でできることをお互いがそれぞれ実行していくことです。そしてそれを、抽象的でなく具体的なものにすることです。勉強がわからないという子どもの保護者に、「しばらくの間、あたたかく見守ります」と言うよりは

「わからない勉強については、水曜日の放課後に30分くらい一緒にやります」と言ったほうが、学校でなにをするかが明確に伝わります。さらに、「勉強した部分についてはご家庭で復習を手伝ってほしい」と伝えることで、教師と保護者の協力による子どもの援助になります。

家族・保護者とのパートナーシップが困難な場合があります。まず、保護者の学校への苦情があまりに強い場合です。保護者の学校教育に関する怒りは、困り感からくることがあります。子どもの教育に関する困りは、教師やスクールカウンセラーが減らすことができます。保護者の学校への訴えは、子どもへの教育の改善につながるのです。一方、保護者とのコミュニケーションがきわめて難しい場合も、ときにはあります。子どもを援助するという方針を軸に、管理職が保護者の訴えをしっかりと聞いて対応するとともに、弁護士との連携が役立つことがあります。

さらに児童虐待が疑われる場合は、速やかに市町村、福祉事務所、もしくは児童相談所（児童虐待対応ダイヤル「１８９」など）に通告しなければなりません。この場合は学校と家族の関係を保つことよりも、子どもの命を守ることが優先されます。

考えてみよう 保護者との面談で成功したこと、失敗したことを思い出してください。あなたが保護者との面談で工夫していることを3つ以上あげてください。

26章

地域における援助サービスのネットワーク

アフリカの格言に、「子どもを育てるには、一つの村が必要である」というのがありますが、子どもを育てるのは、家族であり、隣人であり、それらを含む地域社会です。さらに、教育センター、保健所・病院、児童相談所、警察署など、子どもを援助する専門機関があります。

学校は地域社会にあって、子どもの教育を専門とする教師やスクールカウンセラーらによる教育サービスが行われるところであり、地域における子育てのセンターです。近頃は子どもの貧困に関して、家族支援のプラットフォームとしても期待されています。学校からすれば、校内で組織的な連携を充実させつつ、子どもを援助するうえでの学校教育の限界を受け止め、家庭や地域と連携していく必要があります。学校内外の援助者・援助資源をつないで調整するコーディネーターの役割が、ますます重要になります。本章では、地域での援助サービスのネットワークを中心に、学校・家庭・地域レベルでの「チーム学校」あるいは「チーム教育（子育て）」について考えたいと思います。

1 地域の援助サービスのネットワーク（地域援助ネットワーク）の起点

第一に、**学校は援助サービスのネットワークの起点になります**（石隈・高橋、２００５年）。子どもの援助サービスを進める過程で、子どもの援助ニーズが学校内だけでは十分に満たせないことがあります。そこで、校内で満たせない援助ニーズを満たす援助資源を把握して、地域のどこにつなぐかを判断します。実際には、地域の援助資源についての把握が弱かったり、学校と地域の援助サービスの機関をつなぐネットワークの整備が十分でなかったりすることがあります。チーム学校、あるいはチーム教育にとって、学校が地域のセンターであることを強く意識して、地域の援助資源と連絡方法を記した「援助資源マップ」を作成することが求められます。地域のネットワークの整備や活性化は、教師、保護者、スクールカウンセラー、スクールソーシャルワーカーらすべての援助者の仕事です。教育相談コーディネーターや特別支援教育コーディネーターは、援助している子どものためのネットワークづくりを進めながら、連携していく必要があります。

第二に、「**自分の子どもの専門家」である保護者も、ネットワークの重要な起点です**。保護者は、子育てにおいて、地域の援助者や援助機関（病院など）を活用しています。そして、地域の援助機関の情報を学校と共有することで、学校の担当者と医療機関の担当者とをつなぐことができます。保護者が子どものためにつくり、維持してきた援助機関と学校がつながれることで、子どものためのネットワークが広がります。市町村によっては、子どもの発達のようすや援助機関での相談歴について記録する「子育てファイル」を活用しています。これは、地域の援助サービスのネットワークの把握に役立ちます。教育相談コーディネーターや特別支援教育コーディネーターは、保護者のもつ援助機関、子どもが治療や相談を受けた経験などを聞き、ネットワークの充実を共にめざします。

第三に、**地域の援助機関も、ネットワークの起点となります**。例えば、保護者が不登校の状態にある子どもとのかかわりについて、教育センターで教育相談を受けることがあります。その場合は、教育センターの相談員が学校の教職員や、必要に応じて医療機関などと連携することによって、その子どものためのネットワークができていきます。

2　子どもにかかわる援助ニーズ

子どもの援助において、一人ひとりの援助ニーズを適切にタイムリーに把握することが重要です。教師は保護者やスクールカウンセラーらとのネットワークを活用して、子どもの援助を進めます。そこで、学校で満たせる援助ニーズと学校では満たされない援助ニーズを明確にし、地域の援助サービスのネットワークを活用します。子どもにかかわる援助ニーズについて整理してみます（石隈・高橋，２００５年）。

(1) 教育的なニーズ

子どもの教育的なニーズは、学習面の問題、情緒面や対人関係の問題、進路やキャリアの問題、健康面の問題など学校生活全体に及びます。教師・保護者・養護教諭・スクールカウンセラー・スクールソーシャルワーカーらの援助チームで、一人ひとりの子どもの実態によって異なる教育的ニーズについて明確化する必要があります。

通常学級で援助できること、通級指導・保健室・相談室で援助できることを行いながら、校内でできない援助ニーズを満たす地域ネットワークでの援助機関を選択することになります。不登校、いじめ、発達障害などによる教育ニーズの場合は、選択肢として「教育センター・教育相談所」があり、来室相談、電話相談、メール相談を受けています。また、子どもの発達の状況については、個別の心理検査（「ＷＩＳＣ-Ⅳ」や「ＫＡＢＣ-Ⅱ」など）、子どもへの学習・発達支援やカウンセリング、保護者のコンサルテーションなどの援助ができます。「特別支援学校」も、地域支援部等に特別支援教育コーディネーターを置いて、地域の小学生・中学生・高校生の発達障害のある子どもなどに関する援助をサポートします。「子ども発達支援センター」では、保育士、心理職、言語聴覚士、作業療法士、理学療法士などが、子どもの発達の援助や家族への援助を行っています。

また「適応指導教室（教育支援センター）」は、不登校の状態にある小学生・中学生を対象にして、小集団で学習・発達支援、ソーシャルスキル・トレーニング、また必要に応じてカウンセリングなどを通して、子どもの社会的自立に資するよう運営されています（文部科学省、2019年）。子どもの居場所機能も果たしています。「フリースクール」は民間の施設で、子どもが自由に活動できる居場所であり、学習・発達支援も行います。施設によって、大切にしている考え、運営方針が異なります。適応指導教室やフリースクールは、子どもが「生きている今」に配慮しながら、「子どもの未来」への教育を行っており、これからの学校教育のヒントになります。

(2) 医療的なニーズ

子どもの障害や健康上の問題に関して、医学的な診断や治療は重要です。医学的評価は、子どもに関する生物学的な理解を提供し、学校における子どもの状況のアセスメントを促進します。また、医師による治療は子どもの健康を促進し、情緒面や行動面の安定を援助します。そして心身が安定しているときに、学校生活で成功体験をつませることができるのです。子どもの心身の健康に心配があるとき、あるいは子どもの学校生活での苦戦が教育的な枠組みだけでは理解が難しいときには、まず養護教諭やスクールカウンセラーに相談します。そして、医療的なニーズの可能性も踏まえて、小児科、内科、精神科など医療の専門家と連携することが必要です。子どもに自傷・他害の危険性があるとき、また精神障害で教育的援助では限界があるときは、急いで精神科医と連携することが必要です。保護者や教師に精神科治療に抵抗がある場合は、精神科医に「相談する」という気持ちで受診をすすめるとよいと思います。

(3) 家族の福祉的なニーズ、保護者の心理的・医療的なニーズ

子どもの家族が福祉的なニーズをもつ場合があります。例えば、親子関係など家族間の問題で、家族だけでは解決できない問題に苦戦していることがあります。最近は、保護者の養育機能が限られていたり、虐待が疑われたりする場合が増えています。家族が経済的な支援を必要とする場合もあり、貧困の問題も深刻です。

家族の福祉的なニーズの理解と支援に関しては、スクールソーシャルワーカーに相談します。そして、子どもの生活や家庭環境そのものを支援するために、児童（子ども）家庭支援センター、児童相談所、市町村の福祉事務所などの、福祉的サービスの提供を受けます。学校は子どもの福祉的なニーズの発見者になることが多いのですが、子どもの福祉的なニーズに直接応えることはできません。そこで、地域のネットワークにつなぎ、子どもの発達や学校生活に関する援助ニー

ズが満たされる方向で、家族の福祉的なニーズに応えます。

さらに、保護者が心理的・医療的な援助ニーズをもつ場合があります。例えば、発達障害の子どもが学校生活などでもつ不安や不満と、長年つきあってきている保護者がいます。子どもの行動について、長年にわたり周囲からの批判にさらされて、心身共に疲弊している保護者もいます。保護者の心理的な苦悩が大きい場合、あるいは家族間の葛藤が大きい場合は、相談機関や医療機関への相談をすすめるとよいと思います。（田村・石隈、２００７年）

3　チーム教育・チーム子育ての発想と方法

学校は子どもの教育ニーズに応じることを中核の活動としながら、子どもの医療的なニーズ、家庭の福祉的なニーズ、そして保護者の心理的・医療的なニーズを理解して、子どもの援助をめぐるネットワークに参加します。

すべての子どもたちへの1次的援助サービスを進めていく過程において、子どもの苦戦への気づきから学校での2次的援助サービスが始まり、学校内の有機的な援助チームで3次的援助サービスを積み重ねていきます。そして、多様な取り組みを行う学校教育を援助するために医療や福祉などの地域の社会資源を活用します。これが「横の連携」（空間的な連携）であり、一人ひとりの子どもの今を援助するものです。また同時に、子どもが幼児期から学童期、青年期に至る経過において、「個別の教育支援計画」などの援助サービスの計画に基づいた一貫した援助を実現するために、援助者や援助機関の「縦の連携」（時間的な連携）も必要になります。縦の連携は、子どもの発達の促進を援助するものです。横と縦の連携の基盤となる資源のつながりが、「ネットワーク」なのです。

ここまでは、学校が家庭・地域と連携して、「チーム学校」が「チーム教育」に広がっていくことをめざす実践について述べてきました。さらに地域コミュニティ全体によるチーム教育で保健医療、福祉、学校教育を統合的に進めることが、多様な援助ニーズをもつ子どもの援助を可能にします。

発達障害や児童虐待などの問題をはじめとする、子どもの重大な苦戦の背景には、6歳までの乳幼児

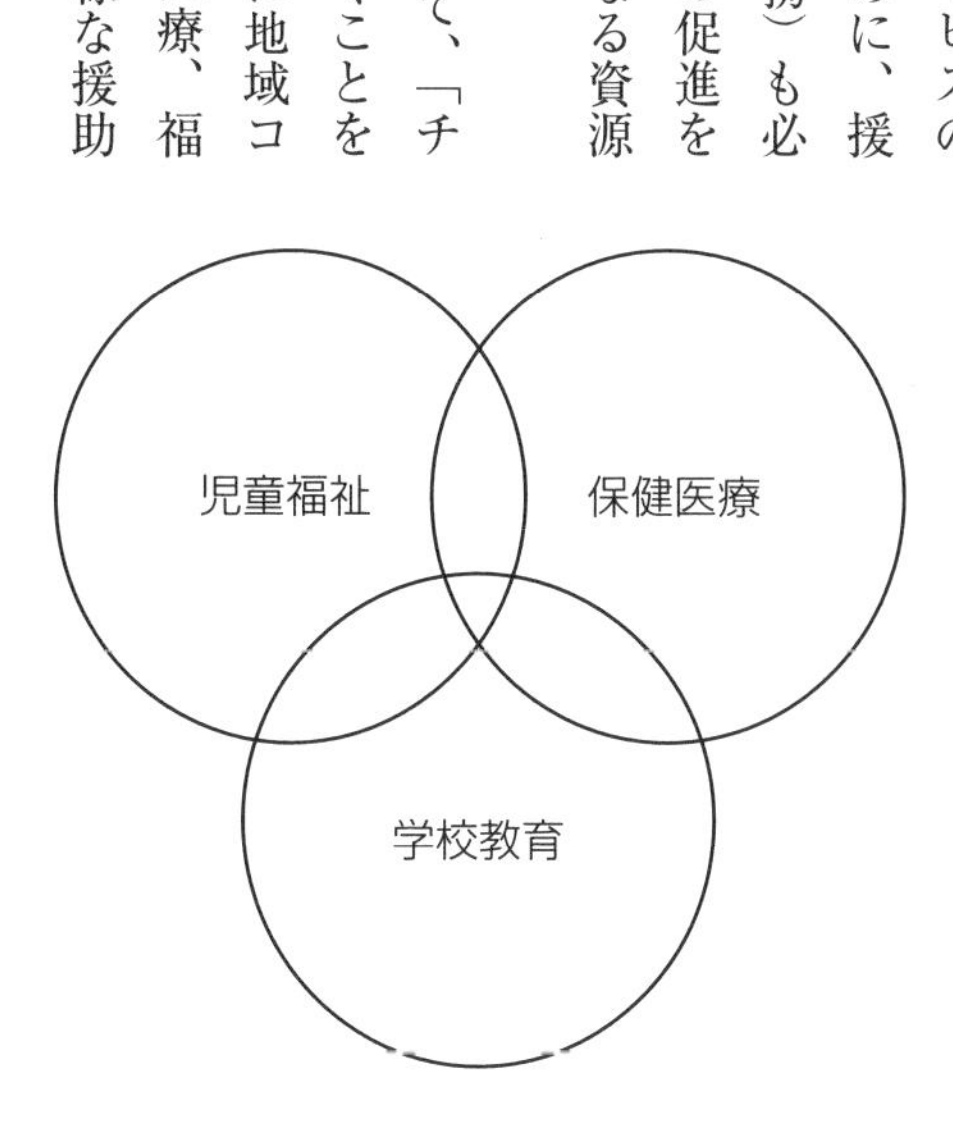

子育てネットワーク

期における援助と小学校入学後の援助とがうまくつながらないことがあります。つまり、援助者や援助機関の縦の連携に大きなギャップがあるのです。「小1プロブレム」は援助サービスの連携の問題でもあるのです。6歳までは主として保健医療（母子保健）と児童福祉の援助サービスになります。保健医療と児童福祉は、発達障害に関する援助や児童虐待の防止をめぐって、連携を強めています。保健医療と福祉は厚生労働省の管轄であり、市町村等でも連携しやすいのかもしれません。一方、学校は文部科学省管轄で、保健医療や福祉領域との連携はこれからの課題です。その垣根を越えた一つの機関が、「要保護児童対策地域協議会（子どもを守る地域ネットワーク）」です。これは、虐待等で保護が必要な子どもへの適切な援助を図ることを目的として自治体に設置された組織です。構成メンバーは、児童福祉関係（市町村の児童福祉担当など）、保健医療関係（保健所など）だけでなく、教育関係（教育委員会など）、警察・司法関係（弁護士）、人権擁護関係の専門家です。スクールソーシャルワーカーやスクールカウンセラーを地域レベルで活用して、保健医療・福祉・学校教育の「チーム子育て」のネットワークをつくっていきたいと思います。

考えてみよう あなたの地域で、子どもを援助する人や機関について思い出してください。そして、同じ地域の仲間と地域の援助マップをどうつくるか考えてください。

27章

子ども本人（当事者）とのパートナーシップ

スクールカウンセリングにおけるメインのキーワードは、「援助」です。援助には、自助、互助、公助があります。自助とは、自分で自分の問題を解決し、自分を助けることです。互助とは、共に生きる者として、互いに助け合うことです。友達同士の援助、保護者と子どもの援助は、互助です。そして公助とは、学校教育、福祉、保健医療など、公的な援助サービスです。子どもの一番の援助者は、自分自身です。子どもは一人の人間として、自分の人生に責任をもちます。そして、保護者や教師は子どもの援助者として、「子どもが自分を援助して成長していく」ことを支えます。つまり、保護者も教師も含め、社会全体が子どもの援助についてて責任をもつのです。

教師やスクールカウンセラーには、助ける・助けられるという、人間社会の自然の行為を仕事（公助）にした難しさを感じるとともに、成長する子どもたちと同行して希望を共有する喜びがあります。

1 子どもの苦戦

人の変容や成長には、苦しみや悩みが伴います。心理教育的援助サービスは、子どもの苦戦（苦しみや悩み）につきあいながら、子どもが少しずつ成長する過程を援助するものです。今、子どもも大人も「苦しみを遠ざける仕組みが張りめぐらされている」無痛文明の時代を生きています（森岡、２００３年）。雨の日は車で移動することで衣服に泥がはねることなく、トイレは洗浄機能付き便座で臭いもありません。運動会では、そろってゴールすることもあるようです。苦しみを隠したり遠ざける仕組みのせいで、子どもが自分の苦しみや悩みを受け入れ、つきあっていくことが、かえって難しくなっているようです。

私たち援助者の課題は、子どもの苦戦についてどのように判断するかということです。勉強ができるようになりたい、友達とうまくつきあいたい、と子どもがもがいているときに、それが必然的なものなのか、それとも周りのかかわり方や環境の問題によって増幅されたものなのかを判断することです（大河原、２００７年）。子どもが疲れて帰宅し、宿題をするとき「つらい」と感じるのは自然です。転校生が友達をつくりたいのにうまくいかなくて「悲しい」と感じるのも自然です。運動会で苦手な徒競走で最下位になり「悔しい」と思うのも自然です。

そんなときは、「つらいよね」「悲しいよね」と子どもの気持ちを受容し、「よくがんばっているよ」とねぎらいます。また、子どもが勉強や友人関係で工夫しているところを見つけて、フィードバックします。子どもの苦戦を支えることは、援助サービスの中核になります。子どもは、自分の人生を生きようとする苦戦とつきあうことで成長します。すべてのレベルの援助サービスに、援助者が「子どもの苦戦とのつきあい」を支えるという側面が含まれています。

一方、読み書きの苦手な子どもに新出漢字を100回書かせる宿題、学級の子どもたちが転校生の方言をからかうことなどは、人工的なもので、人災であり、子どもの成長を妨害する環境の問題です。それを放っておくわけにはいきません。子どもを苦しめている問題を把握して、子どもと相談しながら、問題解決を図ります。子どもの意見を聞いて、子どもの学力や得意な学習スタイルを生かした指導方法や宿題を工夫することは2次的援助サービスです。子どものいじめのSOSに対応することは、2次的援助サービスであり、ときには3次的援助サービスにもなります。

2　子どもと援助者のパートナーシップ

子どもが自分の人生を生きるのを援助するとき、援助者である教師やスクールカウンセラーと子どもとの関係はどうなるのでしょうか（石隈、2010年）。

(1) 当事者性

子どもは自分の人生の当事者です。子どもは問題状況のなかで苦戦することがあります。「子どもファースト」「子ども中心主義」という言い方がありますが、それは子どもを中心に世界が回るということではありません。現実の社会で、子どもが自分の人生の主役として、教育機会を活用して成長していくことを援助するという意味です。

援助者は、子どもの学校生活やキャリア選択に関して、当事者の子どもの意見を尊重することが求められます。また、子どもが成長するために、良質の環境を提供する責任もあります。つまり、子どもは自分の人生の主役であり、教育にかかわる私たちは教育の主役です。そして、子どもが育つ環境づくりには社会全体に責任があります。

子どもは人生の主役ですから、自分の学校生活に関して自分自身で決めることを尊重したいと思います。しかし苦戦しているときは、進路など重要なことは一人では決めにくいものです。それは子どもも大人も同じです。子どもが判断に迷うような大きな出来事については、援助者が代わりに決めるのでも、援助者の意見を押しつけるのでもなく、一緒に考えるのです。医療の世界では、治療方針について、「インフォームドコンセント」(医師の説明と患者の同意)からシェアード・ディシジョンメイキング(共同の意思決定)が重視されるようになりました(中山、2017

年）。また、「べてるの家」という精神疾患やアルコール依存症から寛解した人のグループホームがありますが、べてるの家では、当事者の病気について本人と仲間が一緒に考えることを、「当事者研究」と言っています。それは当事者と仲間の共同研究です（浦河べてるの家、２００５年）。

(2) 対等性

子どもも一人の人間であり、援助する教師や保護者、またスクールカウンセラーも一人の人間です。子どもも援助者も一人の人間として、互いにかかわります。保護者、教師らは子どもを援助しますが、子どもは保護者や教師らを育てます。吃音のセルフヘルプグループを主宰している伊藤伸二氏（２０１０年）は「（子どもへの援助とは）弱い人間に（強い人間が）なにかをしてあげるのではない」ことを強調しています。だから、苦戦している子どもを「はれもの」のように扱い、傷つけないようにするのではなく、「仮に傷ついたら、なぜ傷ついたか子どもと一緒に考える」と言っています。パートナーとして、互いにかかわるとき、互いに傷つけることもあれば互いの傷にさわることもあります。その傷も含めて、子どもの成長や子どもとのパートナーシップに必要なことは、話題にして話し合うということになります。

子どもにとって、大人から一人前に見てもらえること、自分の感情や考えに関心をもって耳を傾けてもらえることは、自分を尊重する気持ちを高めることになります。しかし同時に、子どもが疲れているとき、傷ついているときは、自分のことを話すには大変なエネルギーと一定のスキルが必要です。子どもを一人前のパートナーとして認めながら、パートナーの振る舞いには寛容で、サポーティブでありたいものです。

(3) 援助者の役割性・専門性

子どもの学校生活における苦戦を援助するとき、援助者に求められることはなんでしょうか。それは役割性と専門性だと思います。保護者は、「子どもを役割として援助する者」(役割的ヘルパー)です。子どもを育て、子どもの苦戦を援助するのは、保護者の役割です。保護者は「自分の子どもの専門家」です。自分の子どもが苦戦しているとき(勉強でのつまずき、友人関係のつまずき、進路の悩み、体調の問題など)、なんとか子どもを助けようとします。子どもとのかかわりに「正解」はありませんが、教師やスクールカウンセラーらに相談しながら、保護者は子どもを援助します。教師やスクールカウンセラーらは、保護者の子どもへのかかわりを尊重し、保護者の困りや悩みを一緒に考えることができます。

教師やスクールカウンセラーらによる援助には、専門性が求められます。専門性は、子どもの当事者性や対等性を尊重するうえに成り立つものです。当事者性や対等性のない専門性は、苦戦する子どもを傷つけることになりかねません。教師やスクールカウンセラーらの専門性は、子どもの発達の状況や学校生活の状態を理解し、適切な援助を行うための知識や技能です。「カウンセリング・マインド」という言葉がありますが、それはカウンセラーのようなやさしい気持ちという意味ではなく、カウンセラーのように援助することができることを意味します。ですから、カウンセリング心理学者の國分康孝氏は、教師のカウンセリング・マインドを高めるために構成的グループ・エンカウンターなどの実践方法の獲得を提唱しました。

3 本人参加型のチーム援助

心理教育的援助サービスでは、子どもを援助するチーム（援助チーム）の活動を重視します。保護者、教師、スクールカウンセラーなどが、子どもをそれぞれ援助するのではなく、援助チームとして援助するのです。そこでの問いは、当事者である本人を援助チームに入れなくてよいかという問いです。筆者の一人はかつて、アメリカの小学校でスクールサイコロジスト・インターンとして勤務しましたが、障害のある子どもの個別教育計画を作成するときには子ども本人の意思を尊重することになっていました。子ども自身が個別教育計画作成の会議に出ることができる場合もありますが、保護者などが代弁する場合もありました。そして「オープンダイアログ」は、精神疾患のある人の急性期の援助において、本人、家族、医師などが自由に対話するアプローチとして治療成果を上げています（斎藤、2015年）。このアプローチの方針は、「本人のいないところではなにも決めない」ということです。

「本人参加型援助チーム」の実践が日本でも始まっています（田村・石隈、2017年）。苦戦している子どもの援助チームに子ども本人も参加して、苦戦している現在の状況、できること・得意なこと、希望する援助などについて話し合うのです。「三者面談」は実は本人参加型の援助チームです。学期の終わりに、子ども、保護者、学級担任が面談します。あるいは転校生、保護者、学級担任が面談します。子どもが苦戦している場合は、三者面談を少し長めにして、養護教諭やスクールカウンセラーを招待するのもよいと思います。

本人参加型援助チームの会議の流れの例を示します。

①子ども本人が来てくれたことへの感謝
②出席者の紹介（保護者、教師、養護教諭、スクールカウンセラーなど。できれば子ども以外は3～4人程度）
③会議の目的（現在のようすを理解して、これからのことを一緒に考える）
④子どもが最近のようすを話す
⑤保護者や教師が子どもの最近のようすを話す
⑥子どもは、自分が得意なこと、できることを話す

⑦保護者や教師は、子どもが得意なこと、できていることを話す（子どもはそれを聞いている）
⑧子どもが、これからの目標について話す
⑨子どもが、保護者、教師にしてほしいことを話す
⑩子どものとりあえずの目標と、保護者、教師ができる援助についてまとめる

三者面談では、①④⑥⑦⑧だけでも成果があると思います。子どもを指導したり、保護者に注意したりするのが、三者面談の目的ではないことはもちろんです。

心理教育的援助サービスの中心的な課題は、自分の人生を真摯に生きて、ときに苦戦している子どもと援助者によるチームづくりではないでしょうか。スクールカウンセリングを充実させる鍵は、子どもとの連携にあります。

考えてみよう あなたが子どものすばらしいところを見つけた場合、どう伝えるか考えてください。あなたの子どもへの敬意を伝えるための工夫について、3つ以上述べてください。

文献

▼本書の基盤となる文献

- 石隈利紀『学校心理学――教師・スクールカウンセラー・保護者のチームによる心理教育的援助サービス』誠信書房、1999年
（心理教育的援助サービスの理論と実践について、体系的に説明している本です。本書1章、2章、3章は、スクールカウンセリングに関する基本的な考え方に関して、本文献に基づき最新の実践を加えて、執筆しました。また、全章を通して、心理教育的援助サービスのモデルと実践について、引用し参照しています。）
- 日本学校心理学会編『学校心理学ハンドブック　第2版』教育出版、2016年
（学校心理学のキーワードを説明した本です。本書全章にわたり参照しています。）

▼各章の引用文献（引用順／複数回引用している場合は原則として初出の章に記載）

〈2章〉

- 大野精一『学校教育相談――理論化の試み』ほんの森出版、1997年

〈4章〉

- 山口豊一・石隈利紀「中学校におけるマネジメント委員会の意思決定プロセスと機能に関する研究」『日本学校心理士会年報』1、69―78頁、2009年
- 家近早苗・石隈利紀「中学校における援助サービスのコーディネーション委員会に関する研究」『教育心理学研究』51、230―238頁、2003年
- 家近早苗・石隈利紀「中学校のコーディネーション委員会のコンサルテーションおよび相互コンサルテーション機能の研究――参加教師の体験から」『教育心理学研究』55、82―92頁、2007年
- 田村節子・石隈利紀「教師・保護者・スクールカウンセラーによるコア援助チームの形成と展開――援助者としての保護者に焦点をあてて」『教育心理学研究』51、328―338頁、2003年

〈5章〉
・大河原美以『子どもたちの感情を育てる教師のかかわり――見えない「いじめ」とある教室の物語』明治図書、2007年
〈6章〉
・國分久子監修・國分康孝著『構成的グループ・エンカウンターの理論と方法――半世紀にわたる探求と成果と継承』図書文化、2018年
・工藤勇一『学校の「当たり前」をやめた。生徒も教師も変わる！　公立名門中学校長の改革』時事通信社、2018年
・House, J. S. *Work Stress and Social Support.* Resding, MA: Addison-Wesley, 1981.
〈7章〉
・学校保健・安全実務研究会編『新訂版　学校保健実務必携（第5次改訂版）』第一法規、2020年
・日本学校保健会「保健室利用状況報告書」1991年
〈9章〉
・水野治久・家近早苗・石隈利紀編『チーム学校での効果的な援助――学校心理学の最前線』ナカニシヤ出版、2018年
・田上不二夫監修・河村茂雄編『楽しい学級生活を送るためのアンケート：Q-U』図書文化、2000年
〈10章〉
・小貫悟・桂聖『授業のユニバーサルデザイン入門』東洋館出版、2014年
・バーンズ亀山静子・川俣智路「アメリカのUDL第3回：UDLを積み上げる」『授業UD研究』第5号、50―57頁、2018年
・小泉令三・山田洋平『社会性と情動の学習（SEL-8S）の進め方――小学校編』ミネルヴァ書房、2011年
〈11章〉
・神奈川県立総合教育センター「支援を必要とする児童・生徒の教育のために――教育相談コーディネーターとチ

ームづくり」２０２１年
〈13章〉
・近藤邦夫『教師と子どもの関係づくり』東京大学出版会、１９９４年
〈15章〉
・國分康孝『カウンセリングの技法』誠信書房、１９７９年
〈16章〉
・石隈利紀・田村節子『新版　石隈・田村式援助シートによるチーム援助入門──学校心理学・実践編』図書文化、２０１８年
〈17章〉
・山本和郎『危機介入とコンサルテーション』ミネルヴァ書房、２０００年
・田村節子・石隈利紀『石隈・田村式援助シートによる子ども参加型チーム援助──インフォームドコンセントを超えて』図書文化、２０１７年
・ジョン・R・カッツェンバック著、吉良直人・横山禎徳訳『「高業績チーム」の知恵──企業を革新する自己実現型組織』ダイヤモンド社、１９９４年
・家近早苗「学校における援助システムの見立てと支援」『臨床心理学研究』15、198─202頁、金剛出版、２０１５年
〈18章〉
・パティ・リー著、石隈利紀監訳・中田正敏訳『教師のチームワークを成功させる6つの技法』誠信書房、２０１５年
・平木典子『新版　カウンセリングの話（朝日選書）』朝日新聞出版、２００４年
・堀公俊『ファシリテーション入門（第2版）』日経文庫、２０１８年
〈19章〉
・奥地圭子『フリースクールが「教育」を変える』東京シューレ出版、２０１５年

・田上不二夫『実践スクール・カウンセリング――学級担任ができる不登校児童・生徒への援助』金子書房、1999年
・鈴木庸裕「学校ソーシャルワークの実践的課題と教師教育プログラム――ソーシャルワークの専門性と現職教育の方法」『福島大学教育実践研究紀要』43、57―64頁、2002年
〈20章〉
・ダン・オルウェーズ著、松井賚夫・角山剛・都築幸恵訳『いじめ　こうすれば防げる――ノルウェーにおける成功例』川島書店、1995年
・森田洋司・清水賢二『いじめ――教室の病』金子書房、1986年
・濱口佳和「いじめの理解と援助」野島一彦・繁桝算男監修・石隈利紀編『公認心理師の基礎と実践　第18巻　教育・学校心理学』遠見書房、116―129頁、2019年
・香取早苗「過去のいじめ体験による心的影響と心の傷の回復方法に関する研究」『カウンセリング研究』32、1―13頁、1999年
〈21章〉
・押切久遠「非行の理解と非行する子どもの援助」野島一彦・繁桝算男監修・石隈利紀編『公認心理師の基礎と実践　18巻　教育・学校心理学』遠見書房、130―143頁、2019年
・國分康孝監修・押切久遠著『クラスでできる非行予防エクササイズ』図書文化、2001年
〈22章〉
・宮本信也「巻頭言　特性と障害」『LD研究』18、229頁、2009年
・松村暢隆編著『2E教育の理解と実践――発達障害児の才能を活かす』金子書房、2018年
・日本精神神経学会（日本語版用語監修）、高橋三郎・大野裕監訳『DSM-5　精神疾患の診断・統計マニュアル』医学書院、2014年
〈24章〉
・佐藤学「教師文化の構造――教育実践研究の立場から」稲垣忠彦・久冨善之編『日本の教師文化』東京大学出版

会、21―41頁、1994年
〈25章〉
・田村節子・石隈利紀「保護者はクライエントから子どもの援助のパートナーへどのように変容するか――母親の手記の質的研究」『教育心理学研究』55、438―450頁、2007年
〈26章〉
・石隈利紀・高橋あつ子「地域支援システムの構築」下司昌一・石隈利紀・緒方明子・柘植雅義・服部美佳子・宮本信也編『現場で役立つ特別支援教育ハンドブック』日本文化科学社、234―239頁、2005年
〈27章〉
・森岡正博『無痛文明論』トランスビュー、2003年
・石隈利紀「子どもが生きることをどう援助できるか――吃音への援助から学ぶ」伊藤伸二・吃音を生きる子どもに同行する教師の会編著『親、教師、言語聴覚士が使える　吃音ワークブック　どもる子どもの生きぬく力が育つ』解放出版社、129―140頁、2010年
・中山健夫編『ここから始める！　シェアード・ディシジョンメイキング――新しい医療のコミュニケーション』日本医事新報社、2017年
・浦河べてるの家『べてるの家の「当事者研究」』医学書院、2005年
・伊藤伸二・吃音を生きる子どもに同行する教師の会編『親、教師、言語聴覚士が使える　吃音ワークブック　どもる子どもの生きぬく力が育つ』解放出版社、2010年
・斎藤環『オープンダイアローグとは何か』医学書院、2015年

▼本書で取り上げた主な法律や行政文書

〈学習指導、生徒指導・キャリア教育、いじめ、虐待に関して〉
・「児童虐待の防止等に関する法律」2000年公布
・文部科学省『生徒指導提要』2010年

- 文部科学省中央教育審議会「今後の学校におけるキャリア教育・職業教育の在り方について（答申）」２０１１年
- 「いじめ防止対策推進法」２０１３年公布
- 文部科学省「小学校学習指導要領（平成29年告示）解説総則編」２０１７年
- 文部科学省「いじめの防止等のための基本的な方針」（最終改定）、２０１７年
- 文部科学省初等中等教育局児童生徒課「いじめ対策に係わる事例集」２０１８年
- 文部科学省初等中等教育局「不登校児童生徒への支援の在り方について（通知）」２０１９年
- 「少年法等の一部を改正する法律」２０２１年公布

〈特別支援教育に関して〉

- 「発達障害者支援法」２００４年公布、２０１６年改正
- 文部科学省初等中等教育局特別支援教育課「通常の学級に在籍する発達障害の可能性のある特別な教育支援を必要とする児童生徒に関する調査結果」２０１２年
- 文部科学省中央教育審議会初等中等教育分科会「共生社会の形成に向けたインクルーシブ教育システム構築のための特別支援教育の推進（報告）」２０１２年
- 「障害を理由とする差別の解消の推進に関する法律（障害者差別解消法）」２０１３年公布

〈チーム学校に関して〉

- 「公認心理師法」２０１５年公布
- 文部科学省中央教育審議会「チームとしての学校の在り方と今後の改善方策について（答申）」２０１５年
- 「義務教育の段階における普通教育に相当する教育の機会の確保等に関する法律（教育機会確保法）」２０１６年公布
- 文部科学省「現代的健康課題を抱える子供たちへの支援～養護教諭の役割を中心として～」２０１７年
- 文部科学省中央教育審議会「新しい時代の教育に向けた持続可能な学校指導・運営体制の構築のための学校における働き方改革に関する総合的な方策について（答申）」２０１９年

あとがき

本書を手に取っていただき、またお読みいただきありがとうございます。本書がみなさんの実践に役立つことを祈ります。

本書は、学校心理学やカウンセリングの理論やエビデンス（研究成果）に基づいて実践方法を示しています。理論やエビデンスで示すことができるのは、実践へのヒントです。現場の教師、スクールカウンセラー、保護者の方々が、チーム学校で、今かかわっている子どもの状況に基づいて、子どものためになる「その時のベスト」を判断するとき参考にしてください。子どもへの援助で行ってはいけないことは、子どもの成長にとってマイナスになるというエビデンスがある場合やマイナスになる可能性がある場合です。そうでないならば、チーム学校の話し合いで子どものプラスになると判断したことを、そのエビデンスがまだ十分になくても、試みる価値はあります。子どもとかかわりながら、子どもの援助を試みてみて、効果がみられない、マイナスの可能性がある場合はすぐにやめればよいのです。

本書は２０１５年の企画から刊行までに6年もかかってしまいました。長きにわたってお待ちくださった創元社の矢部敬一社長と、原稿作成と仕上がりをていねいに支援してくださった小川浩氏に深謝します。原稿を読んでくださった仲間の専門家の方々にも感謝します。

新型コロナウイルス感染症のまん延はこれからの学校にどのような影響をもたらすでしょうか。感染症だけでなく、今後もいろいろな災害が起こるでしょう。コロナ禍はまさに学校教育の危機といえますが、危機は学校教育改革のチャンスです。GIGAスクール構想によって、すべての子どもがタブレットやノートパソコンなどを使用する教育が実現されようとしています。学校・家庭・地域の連携も見直され、強化されてきています。今こそ、チーム学校を軸として、ICTを活用して、学校教育の危機をなんとか乗り越え、子どもの成長を援助していきたいと思います。あらためて、「学校」のありがたさと、「家庭」の底力と、「地域コミュニティ」の可能性をしっかりと感じて、持続可能な良質の教育によって、子どもと一緒に地球の未来に向かって進みましょう。

最後に、子どもの成長にかかわるすべての方に――。ご自身の心身の健康にご留意ください。きちんと食べて、しっかり眠り、休養をとって、楽しいことをして、そしてスマイル！

2021年6月

石隈　利紀
家近　早苗

マ行

ヤ・ラ行

タ行

ナ行

ハ行

サ行

索 引

索　引

（五十音順）

ア行

カ行